JN115051

さようなら
志位和夫殿

鈴木元

かもがわ出版

はじめに

私・鈴木元は二〇二三年一月に『志位和夫委員長への手紙――日本共産党の新生を願って』（かもがわ出版）を出版した。それは長期にわたる日本共産党（以下、共産党）の後退の姿を見るにつけ、このまま改革しないで行けば社会的に取るに足らない勢力になってしまうという危機感からだった。つまり自民党を中心にした改憲勢力が衆参ともに三分の二を占め日本社会が重大な岐路に立っており、これ以上共産党が後退することがあってはならないという思いから、こうした改革をすべきではないかと提起したのである。

同じ時期の二〇二二年から二三年にかけての一年間で、同じように党員や党支持者から共産党の改革を提起する本が一〇冊ばかり出版された。しかし共産党の志位指導部は全く聞く耳をもたず、『シン・日本共産党宣言』を出した公然党員である松竹伸幸氏（元・共産党中央委員会政策委員会安保外交部長）と鈴木元（元・京都府委員会常任委員）の二人を問答無用に除名処分とした。

松竹氏を二月六日に除名処分する前後、「しんぶん赤旗」（以下、「赤旗」）では松竹氏に対する批判論文が繰り返し掲載された。マスコミは「やりすぎではないか」と苦言を呈した。それにたいして志位指導部は「反共攻撃」として批判するなど全マスコミを敵に回してしまった。ところが一か月余り後の三月一六日に私・鈴木元を除名処分したあと、志位指導部は明くる三月一七日の「赤旗」の二面の下に鈴木元を除名処分したことを小さく報じただけで、その後一切触れないまま今日に至っている。松竹氏処分のやり方にたいして党内外・マスコミからの批判を前にして、軌道修正したように見受けられるが、それであれば除名などしなければよかったと思われる。

しかし松竹氏と鈴木をセットとした除名を既定方針としたため、社会の反応にうまく対処出来なかったのだろう。

私の除名処分にたいして「当然のこと」として受け止めている人はほんのわずかで、例外的だろうと思われる。私の知っている様々なSNS上では「良く言ってくれた」「何もできないが頑張ってください、支持しています」「こんな除名がまかり通るなら共産党に未来はないだろう」などの意見が多く表明されている。そして「赤旗」が一切報道しないこともあって「その後どうなっていますか」「共産党とはどういうやり取りがあったのですか」との質問が寄せられている。

そこで私は、今回の除名処分に対するけじめを付けておくために、「除名前後のこと」などをきちんとお知らせするとともに、私の見解をまとめて記しておく必要を感じ本書を出版することにした。

ところで共産党は二〇二四年一月一五日～一八日に第二九回党大会を開催することを予告している。そしてマスコミでは「志位委員長は勇退し、田村智子副委員長が委員長に就任するのでは?」との報道も流されている。私にはその真偽のほどは分からない。しかし田村氏が委員長に就任しても、志位氏が議長になれば何も変わらない。ありえないと思うが、例え志位委員長が完全勇退しても、現在の路線を肯定した『日本共産党の百年』を承認したまま田村氏などが指導部にいる限り、党の抜本的な改革が進められることは無いだろう。誰が次期指導部になっても、松竹氏や私・鈴木元の除名を取り消し、謝罪し、私達を呼び党改革について意見交換し改革への道を進めない限り、共産党の新生、立ち直り、躍進はないだろう。

この本を出版しようと考えた当初、私は本の表題を『続・志位委員長への手紙』とすることも考えた。しかし前回の「手紙」で改革提案をしていたにもかかわらず、聞く耳持たずで問答無用に除名処分した人に宛てて、再度改革を提起する手紙を書いても意味がない。そこで残念ながら志位氏に期待は出来ず、党大会前でもあるので

『さようなら　志位和夫殿』として、辞めてもらうことを明確に求めることにした。併せて一月の党大会開催までにそのことをきちんと表明するために党大会前の緊急出版にした。

なおこの本は、前書『志位和夫委員長への手紙』を出版した二〇二三年の年頭から一一月初旬までの期間に、私がフェイスブックに投稿してきたものを基に編集したものである。したがって基本的に時系列となっており、執筆時点の記述になっているものがあることは御了承願いたい。その代りに読者には再現的リアル性を感じられることもあると思う。

わずか九か月あまりの記述であるが、読んでいただければ共産党が抱えてきた問題がこの期間に凝縮して露呈したことが判る。この本が共産党の改革へのステップとなることを望む。

二〇二三年一一月　鈴木元

さようなら　志位和夫殿●目次

第五章　統一地方選挙大敗を受けて共産党改革を論じる

第一章

『志位和夫委員長への手紙』と松竹伸幸氏の除名問題

1、新刊「志位委員長への手紙」発刊にあたって

二〇二二年一二月二七日、私の新刊『志位和夫委員長への手紙』（以下、「手紙」）が出来上がって、かもがわ出版に届いた。二月に『ポスト資本主義のためにマルクスを乗り越える』（かもがわ出版）を出していたので、一年で二冊になる。

私は常々、自公政権に真っ向から対決してきた共産党の後退を危惧し、その再生を願ってきた。ところが二〇二一年の衆議院選挙の結果（前回の一二議席から一〇議席に後退）、そして二〇二二年の参議院選挙の結果（前回の七議席から四議席に後退）を通じて、共産党は国政レベルではごく少数政党になってしまった。このまま推移すれば次回の衆議院選挙・参議院選挙では取るに足りない勢力になることが予測される。しかし議席や得票は、その時々の政治情勢や候補者の組み合わせによって多少増減してきたが、党勢力（党員数や「赤旗」読者数）は一九八〇年の第一五回党大会以降四三年間減り続けて来て、最高時と比較すると党員数は半分に「赤旗」読者数は四の一に減ってしまったのである。この事実を直視し、なぜそのようなことになってしまったのかを掘り下げ、打開策を探求しなければならない。

しかし二つの選挙についての共産党の総括文書を見ると十年一日の「政策は正しかったが、それを生かす党勢力・活動量が足りなかった」とするもので、到底現状を打開すべき抜本的な総括・方針は提示されなかった。しかし参院選の直後の七月一二日付「常任幹部会声明」の最後に「皆さんの御意見を賜りたい」との一節があった。これを見て私を含めて全国の多くの人々が共産党中央委員会に意見をあげた。しかしその後開催された第六回中央委員会総会での志位和夫委員長の結語では「ご意見は地方議員選挙に生かしたい」と述べるのみであった。ま

た参院選の直前の五月二八日「朝日新聞」のインタビューに答え、志位委員長は自衛隊活用論に留まらず「わが党が入った政権では自衛隊は合憲となる」との見解を表明した。私は志位委員長・小池晃書記局長宛に長い批判的意見を送った。しかしそれに対する返事が無かっただけではなく、参院選挙本番そしてその後、今日に至るまで志位委員長をはじめとする共産党の指導部は誰一人として自衛隊活用論も、ましてや「共産党が入った政権では自衛隊は合憲」論を展開せず、平和外交一本やりになってしまっている。

こうした状況の下、私は、共産党の新生が行われなければ共産党は社会的に取るに足らない勢力になってしまうという危機感から、共産党の新生を願って『志位和夫委員長への手紙』という形式での本を出版した。今という時期を逃してはならないという気持ちであった。

出版にあたっての私の取材資料は「赤旗」や「前衛」など公的に発表されているもの、「朝日新聞」など社会的に広く報じられているもの、日本共産党員が広く経験し知っているものに限定した。なお党首の在り方つまり「辞任すべきである」とか「全党員参加の選挙によって選ぶべきである」などの意見は、党内問題ではなく広く社会的問題であると考えている。他党の党首についてもマスコミを含めてそのように扱われている。

現在、岸田政権は統一教会問題、閣僚の相次ぐ腐敗問題、軍事費二倍化問題で国民から大きな批判を受けている。その意味では四月の統一地方選挙は野党にとってチャンスと言える。しかし例え統一地方選挙で多少の議席増を獲得することができても、今のような党運営を続けている限り党勢力の前進は無いであろう。それどころか多分「党勢拡大特別期間」（二〇二二年八月～一二月）が終われば大量減紙が起こるだろう。さらに深刻な予測として共産党は統一地方選において現有議席分の候補者を擁立出来ない危険がある。「手紙」はこうした事態を打開するための方向を提起した。もちろん個人の提起であり、全てが妥当であるとは考えていない。しかし読んでいただければ共産党員並びに党の支持者・そして共産党に関心のある人々にとって、党首の全党員参加による選挙など書かれている内容の大半は概ね妥当なことと思われるだろう。提起した程度の改革も行わなければ共産党は急速に後退して行くと考える。（二〇二二年一二月二七日）

2、第七回中央委員会総会についての意見

1）第七回中央委員会総会（二〇二三年一月五日。以下、七中総）は、統一地方選挙直前にもかかわらず、今年の活動の第一課題を党勢拡大で前党大会比一三〇％をやり遂げることを提起した。

私は他でも書いたり発言しているが、選挙は多面的で、その時の政治情勢、政策の的確性、候補者の組み合わせ、候補者の実績などが重なり合わさって闘われる。党勢はそのうちの一部であり、党勢拡大が進んでいても負ける場合があり、逆に党勢が後退していても選挙に勝つ場合がある。いずれにしても選挙の直前になれば選挙闘争に集中しなければならず、選挙の直前まで党勢拡大を重点にするような活動をしてはならないというのが私の意見である。選挙と拡大の「二兎を追うものは一兎もえず」で失敗する危険がある。例え党勢拡大に成功しても選挙に負ければ元も子もない。政党はあくまでも選挙での前進・勝利が社会的・政治的評価として問われる。

2）「特別期間」で党勢は増えたのか、減ったのか明確にしなければならない。

七中総では「特別期間」で「あらたな前進へ向かう確かな流れを作り出した」と記されているが、「増えたのか減ったのか」は明記されていない。参議院選挙後開催された第六回中央委員会総会において八月から一二月の五か月

間が「特別期間」と設定された。その実行のために度重なる会議が開かれ訴えの文書がだされた。そして一〇月一一月一二月は増勢であったとされているが、肝心の「特別期間」全体で増えたとは書かれていない。多分増えていないのだろう。それどころか「特別期間」を終えた最初の月である一月末は大量減紙になる危険がある。五か月かけた「特別期間」で増勢しなかったにもかかわらず、そのことについての総括も責任も明確にせず、さらに向う一年間の第一の課題として党勢拡大で前党大会比一三〇%を目標として提起するなどというのは余りにも無責任なやり方である。

党勢拡大の連続で党が疲弊していること、高齢者の党員が多数となり、連続した党勢拡大に耐えきれなくなっていることを全く考慮しないようなやり方は党を自壊させせつつある。より根本的にいえば一九八〇年の第一五回党大会以降四三年間減り続けていることについて、根本的な検討が必要であるにもかかわらず、六〇年も前の宮本顕治時代の党勢倍加運動の再現を呼びかけているなど時代錯誤もはなはだしい。さらに言えば、若い人たちの間では一般紙を含めて紙の新聞は読まれなくなっているのに、未だに紙の新聞「赤旗」の拡大に固執し党を困難に陥れていることについての自覚がないことは問題である。

3）ユーチューブであらかじめ全党員向けに幹部会報告を決まったもののように発表してから中央委員会総会を開催するのは間違いである。

今回の七中総もそうであるが、本来中央員会総会に諮り討議し決定すべき幹部会報告を、あたかも決まった文書であるかのようにユーチューブで全党員向けに発表し、それから中央委員会での討議を行うやり方は、中央委員の人々の自由な意見開陳を困難にする。参議院選挙の時の五中総もそうしたやり方が行われた。私は中央委員委員会に対して「こうしたやり方は間違いです」と意見をあげた。すると「間違いとは言えない。衆議院選挙の時（四中総）もそうしています」との返事がきた。そして今回もそうしたやり方が行われた。まさに常任幹部会がすべてであり中央委員会は、その決定に従う組織になり下がっている。

4）小池書記局長のハラスメントに対する警告処分についての浜野忠夫副委員長提案があったが、党規約の精神から単純には容認できない問題を含んでいる。

一一月五日、小池書記局長が全国地方議員・予定候補者会議の席上で田村副委員長に対して行ったパワハラ行為（小池書記局長が地方議員の名前を読み間違ったのを、司会をしていた田村副委員長がやんわりと修正を提起したのに対して、小池氏は田村氏のところへ近づき大きな声で「間違っていない」と強圧的にふるまった）事件から九日も経った一一月一四日、小池氏の記者会見において自らが、パワハラを行ったことを報告するとともに、常任幹部会において警告処分をうけたこと、田村氏に謝罪し了解を得たことが報告された。しかし事件後九日もたって発表されたこと、書記局長は辞めないとの表明などで、党内とりわけ当面する最大の政治闘争の中心を担う地方議員・予定候補者の間ですっきりしない状態を残している。今回の第七回中央委員会総会についての五日付の書記局コミュニケにおいて以下のように記されている。

「浜野副委員長が、常任幹部会として規約四九条に基づき小池書記局長にたいして警告処分としたことについて中央委員会で報告し、総会はこれを了承した」

ここまでは字づらでは理解できる。しかしさらに「警告処分に関する党規約の解釈・手続きについて提案し、総会はこれを承認した」とされているが、これだけでは何のことかわからない。

党規約第五二条では次のように記載されている。

「中央委員会の委員、准委員の権利停止、機関からの罷免、除名は中央委員会の三分の二以上の多数決によって決定し、次の党大会で承認しなければならない」

小池書記局長のパワハラを処分の対象としていなかったのに対して、参加した人々から中央委員会にたいして抗議の声が上がり、慌てて一番軽い「警告処分」とすることを常任幹部会で決定し発表した。これは中央委員に対する処分は「中央委員会の三分の二以上の多数決によって決定」するという前記の規約五二条の手続きに反する。同時に五二条には「警告」という言葉がない。そこから浜野副委員長は「警告」に関しては常任幹部会で決定するとの規約解釈を提起したと推察される。しかしこれは規約第五二条の精神を逸脱していると思われる。いずれにしても書記局コミュニケの文書ではわからない。書記局長に対する処分である。普通に読んでわかる文書にする必要がある。

七中総では最後に、志位和夫委員長の結語とともに出された「支部・グループへの手紙」については、中央委員会への返事を求めている。私は返事として、『志位委員長への手紙——日本共産党の新生を願って』を、一月二〇日の発売に併せて志位委員長などに送ることにする。（一月八日）

3、重要論点の一つ、党首を全党員の参加で選ぶのか、拒否するのか

日本共産党の在り方を巡って、党改革の提起として私・鈴木元は『志位委員長への手紙』（かもがわ出版）、松竹伸幸氏は『シン・日本共産党宣言』（文春新書）を出版した。このことを巡って一月一八日付の「読売新聞」

と一月一九日号の「週刊文春」が紹介記事を掲載した。

いずれの記事も党首公選制に論点を絞って書いている。私も松竹氏も全党員参加の選挙を実施すべきであると提起している。それを受けてそれぞれの記者が共産党広報部などに問い合わせている。その答えがいずれにも記載されている。そこでは「全党員参加の選挙を行えば分派が生まれ、党の分裂へ向かう危険があるので行わない」と回答している。

今日、共産党は綱領で一致し入党していても、多階層の人々によって構成されており、個々の政策では意見の違いがあって当然である。それを巡って自由闊達な討議を交わし多数決で決定する必要があり、それが党を生き生きさせる。したがって党を代表する党首の選出についても、情勢判断・政策について論戦し全党員参加で選出することによって党の活性化と団結が深まる。日本では自民・立憲・維新・国民・れいわ・社民は全党員参加の選挙を行っており、行っていないのは共産党と公明党だけである。そのことも一つの重要な要素として、共産党も公明党も国民から異質な党として見られている。

主権在民の社会にあって民主主義を掲げる共産党が自らの党首を全党員参加で選ばないということに固執していては、国民的支持の広がりも党の団結も出来ない。全党員参加の選挙をすれば派閥が生まれ分裂するなどの論は党首公選制を求めている党員や支持者に対する冒涜である。このことについて共産党は明確な改革を実施しなければ、急速に国民的支持を失っていくし、多くの離党者が生まれるだろう。

ところで拙著『志位委員長への手紙』は明日二一日から書店やアマゾンで販売されるが、予約数だけで、既に政党分野で第一位となっており、在庫が無くなりつつあり増刷が決まった。（一月二〇日）

4、「赤旗」一月二一日付け「藤田論文」について

1）一月二一日付「赤旗」において、赤旗編集局次長・藤田健氏によって「規約と綱領からの逸脱は明らか――松竹伸幸氏の一連の言動について」という論文が掲載された。

規律違反であるとの断定で論文は書かれている。それでは何故、統制委員会や組織局ではなく藤田氏の「赤旗」編集局次長の肩書きで、この論文が書かれたのかよくわからない。違和感を持つ党員は多い。

規律違反との断定の第一は、「党と異なる意見」を党内手続きを取らず党外の出版物で論じたということらしい。私・鈴木元は志位和夫委員長をはじめとして何回も中央に意見書をあげてきたが返事はなかった。それどころか二〇二二年参議院選挙の直後の七月一二日の常任幹部会声明において、参議院選挙の総括を行う六中総に向けて「ご意見をお寄せください」と記されていたので、私は志位委員長・小池書記局長をはじめとする幹部に意見を上げた。私だけではなく少なくとも数千人規模の人が中央に意見を送っただろう。ところが六中総の志位委員長の結語においては、「全国からよせられた意見は、今後、統一地方選挙の活動の中で生かしていきたい」とされただけで、具体的な返答はなかった。つまり共産党は意見を上げても返事しないということが体質化している。その党が党内手続きを経ないで党外で意見を述べれば規律違反というのは無理筋である。しかも後で記すように松竹氏は社会的に広く論じられている問題について論じたのであり、これが規律違反であるなら、ジャーナリストや学者の党員のみならず、党員は社会的に自由に意見を開陳することはできない。

2）党首の在り方は党内問題ではなく社会的・政治的な問題である。

藤田氏は松竹氏が党首公選制について自らの著作『シン・日本共産党宣言』等で述べたことを、党決定と違う内容を党内手続に基づいて意見を上げることなく党外で述べたのを理由にして「規律違反」と述べている。党首について「辞めるべき」だとか「全党員参加の公選制にすべきだ」は、他党を含めて広く社会的に論じられていることであり、特殊共産党の党内問題ではない。藤田氏はどのような問題であれ、「決定と異なる意見」について党員が党組織を通じて中央に意見を上げず、党外の出版物等で意見を述べれば規律違反と断定するのであろうか。

そもそも、全党員参加の党首公選制を否定する論は二〇二三年八月二四日、性格も権限も不明確な党建設委員会の名で「革命政党の幹部政策」として発表された。その内容は藤田氏の論文と同様というか、藤田氏はこの論文に依拠して書いている。つまり「党首を全党員参加で選べば分派が生まれ、党は分裂の危険がある」とする論である。そして松竹氏はこの中央の決定に反する全党員参加の党首公選制論を党外で主張したので規律違反であると述べている。

ところでこの八月二四日の論文の趣旨は党規約の何処に書いてあるのか。党規約では第三条（3）において「すべての指導機関は、選挙によって作られる」と記載されているだけである。この八月二四日の論文こそ規約の勝手な解釈を党の内外に向かって表明したものである。それを批判することが、なぜ規約を逸脱したことになるのか。自民党をはじめとする他の党は全党員参加の党首選挙を行っているが党の分裂など起こっていない。共産党はしばしば「五〇年問題」を例に挙げて分派の発生と分裂の危険を論じている。しかし「五〇年問題」で共産党が分裂したのは全党員参加の党首選挙を行ったからではない。スターリンのソ連共産党、毛沢東の中国共産党による介入と、それに呼応して分裂を持ち込んだ人々がいたからである。

３）自衛隊・安全保障の在り方は党内外で自由に研究討論すべき問題である。

藤田氏は松竹氏が「自衛隊合憲論、非核・専守防衛論、当面安保容認」を述べており、これは日本共産党綱領の「安保破棄・自衛隊解散」の旗を下ろせと主張していることであり、党綱領違反だと記している。

現在、我が国の安全保障を巡る環境は急激に変わっており、共産党が安全保障政策をどうするかは、簡単に答えが出せる問題ではなく国民的議論が必要である。

ところで松竹氏が『シン・日本共産党宣言』を一月一九日に発売を開始する前に、「自衛隊活用論・自衛隊合憲論」を述べた党員がいる。志位委員長である。藤田氏は松竹氏が「自衛隊活用論・自衛隊合憲論」を主張したことは綱領違反と批判するなら、その前にまず志位委員長を批判しなければならない。

激動する情勢の下、日本の安全保障政策は単純には論じられない。拙著『志位委員長への手紙』で紹介しているように、共産党自身が何回も変えてきている。そして二〇二二年参院選直前の五月二八日、「朝日新聞」のインタビューに答えて、志位委員長は「わが党が入った政権では自衛隊は合憲である」と言ったのである。

私と松竹氏の「安全保障論」とは必ずしも一致しているわけではない。志位委員長の活用論・合憲論に対しても批判文書を志位委員長宛てに送ったが返事はなかった。言うまでもなく「安全保障論」は党内問題ではなく国民的問題であり、志位氏自身が党綱領を逸脱する合憲論を「朝日新聞」に述べて混乱を引き起こしたのである。松竹氏に対して「綱領を逸脱している」などと一方的に批判するのではなく、国民的議論の課題として受け止める必要がある。そうでなければ共産党が言うリスペクトとか市民との共同は死んでしまう。藤田氏にこのような論文を書かせた指導部の責任が問われる。

先に記したように我が国の安全保障政策は難しく、簡単に答えが出る問題ではない。志位氏、松竹氏、私の間にも違いがある。議論を通じて共通項を見出す努力をすべき問題である。少なくとも藤田氏のように断定的に排撃的な議論をすべきでない。それは私も松竹氏も同じである。私は国民的議論の統一のために、慎重に論を進めるつもりである。

4）現時点で党中央と私の最大の論争点は1で書いた、全党員参加の党首公選制か、それを規約を逸脱したとの論を立て拒否するかである。全党員参加の党首公選制さえ拒否し続ければ、共産党は国民から見放され、党員の離党、活動不参加党員を増やすだけだろう。またこの問題は共産党固有の問題である。全党員参加の党首公選制はすでに自民党・立憲・維新・国民・れいわ・社民などでは解決し実行されている問題である。主権在民の我が国において民主主義を標ぼうしている共産党が試されているのである。松竹氏に「赤旗」紙上での反論権を認めない、いつもの不平等性・閉鎖性・一方性が、党への不信、不安を作り出している事に気づかない限り、全党員の団結は損なわれるだろう。（一月二二日）

5、志位委員長、「『藤田論文』は信頼する『赤旗』が書いたこと」

一月二三日夕方五時過ぎ、国会開会にあたっての志位委員長の記者会見が行われた。参加していた新聞記者からスマホを使って動画で送ってもらい見た。そこで記者から松竹氏の問題が質問された。以下筆者の要旨。

（記者）先日の松竹氏の記者会見（一月一九日）についてどう考えられていますか。

（志位）「赤旗」の藤田論文をお読みください。書かれているとおりだと思います。
（記者）藤田論文について、志位委員長などはどのように関与されましたか。
（志位）信頼する「赤旗」の編集局次長である藤田氏が書かれ掲載されたことで、内容はその通りだと思います。
（記者）藤田論文では「規律違反」と書かれていますが、処分はどうされますか。
（志位）藤田論文のとおりであり、それ以上でも、それ以下でもありません。

その後、「産経デジタル」と「毎日デジタル」において、「（志位委員長）「（松竹氏）の処分言明せず」と報道された。要するに「赤旗」での藤田健氏の論評であるとし、自分（志位）は関与していないが、その通りだと思うと述べたのである。何時から「赤旗」編集局次長である藤田氏は志位氏らの指導部を差し置いて見解を述べるようになったのか。志位氏らの党運営はどうなっているのだろう、改めて問われている。

一月二六日号の「週刊文春」においては「共産党員の党首公選要求に志位委員長が逃げた」と書かれた。

一月二七日の志位委員長の定例記者会見でも記者の質問に対して「藤田論文の通りです」に終始した。

全国で機関メンバーや地方議員で自分のフェイスブックやブログに「全党員参加の党首公選制に賛成だ」と意見を表明した人に対して地区委員長や県委員長らが規律違反・処分をちらつかせながら説得・批判を行っているとの情報が私に届いている。本当なら、そんなバカなことは止めるべきだろう。それはますます党を自壊させていくことになるだろう。

6、一月度「赤旗」をはじめとする党勢は後退したのか？

一月が終わり二月が始まった。しかし今日二月一日付の「赤旗」には、「赤旗」をはじめとした党勢の増勢は報道されなかった。私の予測は不幸にしてあたり「赤旗」は減紙したのであろう。

先に記したように二〇二二年八月から一二月の「特別期間」は増勢にはならなかった。八月末の「赤旗」で全国主要二六都道府県の委員長が顔写真入りで「八月を増紙で迎えます」との決意表明が掲載された。そして一〇月一一月一二月は増紙であったと報道された。その数、日刊紙で一月あたり全国で一〇〇部前後であった。つまり一県あたりにすると一か月間で二部の増紙であった。おそらく一〇月一一月一二月は党機関や地方議員が党支持者などに「『特別期間』中だけ頼みます」と了解してもらったり、自らが買い取って支えたのであろう。そして一二月に入って党中央は繰り返し「有終の美で飾ろう」と訴えた。多くの地方議員や県委員長・地区委員長は無理を承知で支え一二月末を増紙申請したのであろう。したがって私は拙『志位和夫委員長への手紙』で「一月末には、無理に支えていた『赤旗』を放出し減紙になるであろう」と予測した。併せて「まさか、統一地方選挙を前に引き続き『赤旗』拡大を追求するようなことはないでしょうね」と記載した。

しかし不幸なことに志位委員長らは一月五日に開催された第七回中央委員会総会において、次期党大会に向けて前回党大会比一三〇％の拡大を第一課題として提起したのである。さらに三月末に前回統一地方選挙時の党勢を回復することを中間目標として提起した。全国の地方議員・地区委員長・県委員長の方は悩んだであろう。党勢拡大を第一課題と言われているのに一月末を減紙で越すことはできない。しかし一月だけではなく向う一年間、拡大を第一課題とすると言われているのであるから、一年以上支え続けることは出来ない。「もう批判されてもかまわない。支えている分を減紙申請しようと考える人々が現れても不思議でない。「とりあえず増紙申請しよう」とした人々、「いや一年間も支えられないと減紙申請しよう」とした人々、その合計の結果が減紙となったのであろう。二月以降も厳しいだろう。県委員長・地区委員長・常任委員、地方議員の方々が精神疾患や辞任等に追い込まれないことを望むばかりだ。私が『志位委員長への手紙』で提起したように「一端、期日と目標を定めた拡大運動は中止し、抜本的な再検討をすべき」である。そしてなによりも統一地方選挙直前となった今は、準備が遅れている地方選挙に全力を尽くすべきだし、闘う前に敗れてしまう候補者擁立の遅れの克服に力を尽くすべきであろう。（二月一日）

7、中央委員会・京都府委員会・京都南地区委員会への公開意見書

この間二回、「赤旗」紙上で、一方的に私ならびに私の『志位和夫委員長への手紙』が批判された。党内問題ではない。「赤旗」紙面という社会的に開かれた場所での批判である。従って私は「赤旗」に反論権を求めるとともに、私の意見を公にする権利があるので、該当党組織の責任者に以下の文書を郵送するとともにここに公開する。

日本共産党南地区委員会委員長・河合秀和様
日本共産党京都府委員会委員長・渡辺和俊様
日本共産党中央委員会幹部会委員長・志位和夫様

二月七日付の「赤旗」に掲載された「松竹伸幸に対する除名処分」の記事を読みました。その中で私の本『志位和夫委員長への手紙』（かもがわ出版）と係わって黙過出来ないことが書かれていますので、今回の処分についての私の意見を提起します。結論は再考され松竹氏除名処分決定を撤回されること、私と私の本への名誉を「赤旗」紙面等公の場で回復されることを求めます。

二〇二三年二月九日　鈴木元

松竹伸幸氏への除名処分と小池晃書記局長の会見等の共産党の見解について

二〇二三年二月九日　鈴木元

二月七日の「赤旗」に日本共産党京都府委員会と京都南地区委員会の連名文書で松竹伸幸氏（以下、松竹氏）へ除名処分決定が発表された。しかしこの処分決定には様々な疑問がある。

1）まず第一は規約運用に対する疑念である。

処分を定めた党の規約第五十条ではこう定められている。

「党員に対する処分は、その党員の所属する支部の党会議、総会の決定によるとともに、一級上の指導機関の承認を得て確定される。特別の事情の下では……地区委員会は党員を処分することができる。この場合、地区委員会の行った処分は都道府県委員会の承認を得て確定される」

松竹氏は南地区委員会の新日本プロセス支部に属している。しかしそこで処分決定がなされたのではなく南地区で決定された。理由として全国的な問題で急を要したとしているが、説明になっていない。そして南地区委員会決定というのは通常地区委員会総会決定のことだが、そうではなく常任委員会での決定だけとされた。同じく京都府委員会においても府委員会総会ではなく常任委員会決定とされた。そして二月五日の南地区常任委員会において、松竹氏を除名処分にするにあたって当事者であり規約上弁明の機会を保障されているのに、松竹氏は呼ばれていない。規約違反の中の最も重い処分である除名という決定が、このように規約をないがしろにするやり方で行われたのは問題である。

2）除名処分理由として次の三点をあげている（声明は四点としているが①と④は重なっているので三点とした）

①党内で解決すべきにもかかわらず突然党外の出版物で党を攻撃した。

a、党中央に意見をあげたら、回答があったり、ましてや解決にむけての取り組みが行われてきたのか。

一番直近の事で言えば、二〇二二年七月一〇日の参議院選挙のあとの七月一二日の常任幹部会声明には「ご意見をお寄せください」と記載された。そこで私を含めて多くの党員が選挙総括に係わった意見をあげた。しかしそのあとに開催された第六回中央委員会総会において志位委員長は「寄せられた御意見は地方選挙に生かして行きたい」と述べただけで何の具体的な回答も行われなかった。私は二〇二一年の衆議院選挙結果に関しても中央委員会の複数幹部を通じて意見をあげたが返事はなかった。要するに意見をあげたからといっても解決どころか回答もしないのである。そうした対応を行っている共産党が「党内で解決すべきである。その努力をしないで外から言うのは規律違反である」と結論づけることは出来ないだろう。

b、公人である党首のあり方は党内問題ではなく社会的・政治的問題である。

「志位氏は長すぎる、辞めるべきである」「志位氏は選挙でも党勢拡大でも減らし続けている。責任を取って辞めるべきである」など、公人である党首のあり方についての評価や退任勧告は、共産党だけではなく他党の党首に関してもマスコミを含めて広く社会的に論議されていることである。ましてや党員も参加した党首公選制は自民、立憲、維新、国民、れいわ、社民等で実施されており、今や全党員参加の党首選挙が行われていないのは共産党と公明党だけである。まさに政治的・社会問題であり、二〇二二年の共産党創立一〇〇周年を機会にマスコミでも取り上げられている。それについての自己の見解を述べたから党規約違反で除名するなどというのは間違っている。

ところで全党員参加の党首選挙を否定するさいに言われるのが、そうすれば分派が生まれ党は分裂する危険があるという論である。党の規約では「各種役員は選挙で選ばれる」と規定されているだけである。この奇妙な論はどこから現れたのか。二〇二二年八月二四日の「赤旗」に掲載された責任の所在も権限も明確でない党建設委員会の名による「革命政党の幹部政策」なる論文においてである。この規約の解釈は中央委員会総会、ましてや党大会で決められたものではない。この八月二四日の論文を、勝手に「決定」とし、それを批判するものを党外で論じて攻撃したとか、ましてや決定違反等というのは党の運営として間違いである。

②松竹氏の「非核・専守防衛論」を党綱領の「安保破棄・自衛隊解散」に反する主張とするのは、志位氏を批判することに等しいし、野党共闘をご破算にする危険がある。

松竹氏が一月一九日に党首立候補宣言の記者会見において当面「安保容認・非核専守防衛論」を述べたことについて、一月二一日付の「赤旗」で藤田健編集局次長は党綱領の根本である安保破棄・自衛隊解散を逸脱したものであるとした。それは今回の「除名処分文書」にも踏襲されている。しかし松竹氏が二〇二三年一月一九日の記者会見でのべる前に、志位氏が二〇二二年五月二八日の朝日新聞のインタビューに答えて「自衛隊の活用」どころか「わが党が入った政権では自衛隊は合憲である」と述べている。私は直ちに志位氏など中央幹部に批判の意見書を送ったが返事はなかった。「除名処分文書」が松竹氏を綱領逸脱として述べるのであれば、私のように志位氏を批判しなければならない。知られているように志位氏は安保条約についても「国民多数の合意が形成されるまで、安保条約は破棄しません（つまり当面は維持する）と述べている（「新・綱領教室』下」五七ページ）。

志位氏がそのように述べた最大の理由は我が国をめぐる安全保障上の激変があるからであるが、そうした下で野党連合政権を作ろうとした場合、政権としては安保容認・自衛隊合憲と言わざるを得ないと判断したのだろう。それを藤田論文も「除名処分文書」も否定し、あくまでもわが党は安保破棄・自衛隊解散だと主張し松竹氏を批判することは、志位氏をも批判することに等しい。立憲など共産党と共闘を組んできた他党は「そうですか、それでは今までの共闘のための政策調整の努力は何だったのですか」と共闘否定に発展する危険性がある。松竹氏を批判しようとするあまり、共産党は余りにも大きな政治的代償を払うことになった。

③私・鈴木元の名前まで出して松竹氏は「分派」活動と断定している。

「週刊文春」（一月二六日号）を取り上げて「鈴木元は（共産党は）およそ近代的政党とは言い難い個人独裁的党運営です、などと書き綴っている」。その鈴木の本の内容を知りながら出版したとして松竹氏の分派活動と断定している。ところで「週刊文春」（一月二六日号）に私は登場しているが、そこには「およそ近代的政党とは言い難い個人独裁的党運営です」という言葉はない。それでは何処にあるのか、拙著『志位委員長への手紙』の八五ページ以降に以下のように書いている。

貴方（志位和夫）は自分のことですから鮮明に覚えておられると思いますが、党大会や中央委員会総会で選挙が行われた訳ではありません『不破哲三　時代の証言』（中央公論社）において不破氏が「大会最終日の前夜遅く宮本さんから明日、提案するからな」と言われたと記しています。同じ『証言』において一九九〇年の第一九回党大会時、宮本氏が不破氏同席の下、貴方（志位和夫）にたいして書記局長の就任を説得しました。貴方は「晴天の霹靂」と言いながら、結局その場で「分かりました」と書記局長就任を引き受けました、と記しています。貴方はこれはおかしいと思いませんでしたか。このやり方は毛沢東が林彪や華国鋒を後任に指名したのと同じやり方ではないですか。およそ近代的政党とは言い難い個人独裁的党運営です。

この最後の「およそ近代的政党……」部分だけを取り出して「鈴木元は、共産党は個人独裁の非民主的党などと書き綴っている」と批判し、あたかも私が党攻撃をしているかのように記述し、松竹氏がその内容を知りながら出版したことは分派活動であると断じているのである。これはあまりにも無理のある断定である。私の本を読めば分かることであるが、共産党京都北地区委員会の常任委員、京都府委員会の常任委員として現場で活動してきた経験、長く国際協力活動を行ってきた国際経験から共産党の新生のために具体的提案を行っている本である。なお二月九日付の「赤旗」での中祖寅一氏の論文では、私の本の上記の一行を取り出すこともなく「乱暴な党攻撃を書き連ねた本」と一層一般化し、それを知りながら出版したとして松竹氏を断罪している。

私の本のなかで志位氏に問いかけた「宮本氏が貴方を後継指名したことは、およそ近代的政党とは言い難い個人独裁的党運営です」と記したところだけを全体の文脈から切りはなして意図的にゆがめて引用するには、私の本を相当丁寧に読み込まなければならない。正直、南地区常任委員の人々がそこまで私の本を読み込んでくれているとは思えない。この引用のしかたから「除名処分文書」は南地区の人々が書いたものではなく党中央の誰かが書いたものと推察される。二月三日に開催された県委員長会議を報告する京都のＺＯＯＭ会議では渡辺委員長が報告したが、最後に「明日の『赤旗』で松竹伸幸の除名が発表されます」と簡単に言ってＺＯＯＭを切ってしまった。各地区毎の会場において参加者から地区委員長に「なぜ松竹氏を除名したのか」など様々な質問が寄せられたが、答えられず「明日、南地区委員会に聴いてほしい」と終始する会場もあった。その南地区でも支部から地区委員会に説明に来てほしいと要望が出されているが、開催の約束がされないという状況にある。つまり自分で書いた文章ではないだろうから、南地区委員会は説明できないのである。

ところで私の『志位和夫委員長への手紙』とかかわっての私と松竹氏との関係であるが、私と松竹氏は面識がある。あるからこそ出版と編集を依頼したのである。しかしこの本の企画・内容は彼とは全く関係なく、前書である『ポスト資本主義のためにマルクスを乗り越える』(かもがわ出版、二〇二二年四月一〇日発行)の続編として、私が企画し五月から一二月にかけ七か月間で一気に書き上げたものである。

松竹氏とは内容的には一切相談していない。私は既に二〇数冊の単著を出版しているし、そのうち六冊は日本図書館協会の推薦図書になってきた。また既に三冊は三刷以上になってきた。そしてかもがわ出版の編集長代理もやってきたので、これまでも私がかもがわ出版から本を出すときには、編集者は純然とした編集作業以外は行わず、本の内容についてあれこれアドバイスしたり意見を述べたりしたことはない。そうしたこともあり松竹氏と会って、私が悪筆なので一時間ばかり喫茶店で校正箇所の確認をしただけであり、それ以外には会ったことはない。電話で一度、出版事情に詳しい松竹氏から「一月に同じように共産党に提案する本が二冊出ますから、販売を効果的に進めると言う点からは同じ一月に出版されたらどうですか」と提案があった。すでに草稿は出来ていたので、校訂・校正作業を急ぎ一二月二七日出版にこぎつけた。ただそのために校正ミスが多数あり二刷りに向けてさらに校正をおこなった（現在は三刷になっている）。したがってこの本にかかわって私と松竹氏が、様々な意思統一を行った等のことは一切無い。私の本が「共産党攻撃を書き綴った本」などという批判は、本を読めば一目瞭然に否定されるし、この本の内容（党攻撃本という架空の評価）を知りながら出版したことが松竹氏の分派行動などというのは余りにも無理な論理である。内容を知っていたなどは編集者としてあたりまえでのことである。原稿を読まずに編集などできない。それは、あくまでも私の本が「共産党攻撃を書き綴った本である」との虚構の断定が前提となったものであり、時間とともに崩れ去っていくだろう。奇妙なことは私の本を一方的に断罪しながら本のタイトル『志位和夫委員長への手紙』を記していない。読めば本の評価が間違っていることがたちどころに明らかになるからだろう。（二月九日）

8、小池書記局長の記者会見の内容について

小池氏は二月六日の記者会見において新聞記者と以下のやり取りをしている（著者の要約筆記）

（記者）松竹さんは今回の処分を不服ということで、党大会、中央委員会にたいして再審査を求めると言っていますが

（小池氏）再審査？　中央委員会？　党大会？　規約には再審査というようなことは、規約上はない（と断言した）。

ところが記者から「党規約第五五条」に「被除名者は処分に不服な場合は、中央委員会および党大会に再審査

を求めることができる」と書かれていますよと指摘された。

それにたいして小池氏は「今日、松竹氏が記者会見（日本記者クラブ）でどのように発言したかは存じ上げていないが、そうであればそうですね」と口を濁した。

小池氏は党規約を知らなかったか、記者に対して「そんな規定はない」と断言すれば質問は続かないと思ったのか。多分まともに規約を読んでいなかったのだろう。お粗末としか言いようがない。

二月六日の小池氏の記者会見を映像で見た。私は志位氏とともに小池氏に対しても『志位和夫委員長への手紙』を送っている。私の本を批判するなら書記局長らしく私が述べていることを整理して批判を展開して見せるべきであろう。私は、いつでも議論を行う用意はある。

松竹氏の除名処分問題とは直接関係ないが、共産党の現在の運営上のもう一つの問題として「期日と目標を定めた党勢拡大運動」がある。二月三日、七中総決定に基づき党勢拡大を推進するための全国都道府県委員長会議が開催され、小池氏が報告した。私は先に記したように『志位和夫委員長への手紙』において「期日と目標を定めた党勢拡大特別期間」方式は再検討すべきところに来ていると問題提起した。そして無理に無理を重ねているので「二〇二二年八月〜一二月の特別期間が終わった一月末には減紙するだろう」「まさか延長などしないでしょうね」と記した。しかし志位委員長・小池書記局長コンビは二〇二三年一月から来年二〇二四年一月に開催する党大会に向けて前大会比一三〇％の拡大を提起した。それに留まらず統一地方選挙直前になっているにもかかわらず党勢拡大を第一課題、選挙闘争を第二課題と位置づけた。二つの課題を並列にすれば選挙が近づけば党勢拡大の取り組みは弱まるので、あくまでも党勢拡大を第一課題とするとしたのである。しかし選挙と党勢拡大は対象も活動内容も異なる。現在の共産党に二つの課題を同時に行う力はない。「二兎追うもの一兎も得ず」のことわざのとおり失敗する危険が大きい。小池書記局長の報告では、私が予測した通り一月は日刊紙で三三九部の減紙、日曜版で二〇八部の減紙と報告した。そして報告の大半で党勢拡大しか報告せず、選挙闘争についてはほとんど触れず選挙で後退するリスクを増やした。私はこうしたやり方を批判しているが、二月に入って「赤旗」日刊紙を自ら拡大した。

そして今日二月九日、「赤旗」政治部長の中祖寅一氏による「結社の自由にたいする乱暴な攻撃――「朝日」社説に答える」とする論文が掲載された。以前の文章と重なる論点は省略する。新たな論点として、一九八八年一二月一〇日の最高裁判決を取り出して、「朝日新聞」は結社の自由・自立性を犯しているとの主張を行っている。ここでは「朝日新聞」と中祖氏の両者の論文を引用し検討・批判することは紙幅の無駄なので行わず、一点だけ指摘しておく。中祖氏は書かなかったが、同最高裁判決では以下の論述がある。

「政党の処分については、一般市民法的秩序と直接の関係を有しない内部的問題に止まる限り司法審査は及ばす、また当該処分が一般市民としての権利を侵害する場合があっても原則として当該政党が有する規範・条理に基づき適正な手続きに則って、なされたかいなかの点についてのみ、司法審査が及ぶ」

後半で述べていることは、私が提起したような松竹氏の除名処分を巡る問題が適正に規約に基づいて行われたかどうかが問われているということである。

以上見てきたように今回の松竹氏への除名処分は無理に無理を重ねている。二月八日付の「朝日新聞」「京都新聞」が社説で、「東京新聞」は特報面で今回の共産党のやり方について批判している。おそらく「読売新聞」「毎日新聞」等も批判の記事を掲載するだろう。それぐらい共産党が党首公選制を否定し、それを唱えた松竹氏を除名処分にしたことは国民的社会的問題なのである。私が共産党の新生のために積極的具体的提案を行っているにもかかわらず、それを「共産党攻撃を書き綴っている本」として一方的に批判するようなことは、共産党と協力してきた多くの知識人・文化人を党の協力者から引き離していくことになる危険がある。既に内田樹氏、江川紹子氏、山口二郎氏、中北浩爾氏等が共産党をいさめる論評を公表している。

今からでも遅くない。共産党は軌道修正し松竹伸幸氏の除名処分を取り消すべきだろう。同時に、あなた方は、「赤旗」という広く社会的に開かれた紙面において、突然・一方的に私と私の『志位和夫委員長への手紙』へのいわれなき批判を行い、著しく名誉を傷つけたのである。私には「赤旗」での反論権を保障すると同時に「しかるべき謝罪と名誉回復」を「赤旗」などで明らかにすべきことを要求する。なおこの問題は党内問題ではない。あなた方が私に声をかけることもなく突然一方的に広く社会的な広報物である「赤旗」で攻撃したのである。したがって当然のこととして、私のこの意見も社会的に広報する。（二月一〇日）

9、志位指導部は「松竹問題」をどのようにしようとしているのか?

1）先日の志位氏の記者会見で「朝日新聞」を批判し、今や、志位・松竹論争ではなく共産党対主要マスコミ（背景には国民世論がある）の論争にしてしまった。そしてこれを見て他党派も共産党批判を強めている。こんなことをしていれば、来る統一地方選挙で大きく後退する危険がある。「藤田論文」などにとどめていれば、世論の動向を見て、志位委員長が登場して「先日の『赤旗』の藤田氏の論文は、少し一面的だと思いますので、取り消させます」などの弁明で引き下がることも出来た。かつて藤野保史政策委員長が自衛隊の予算問題をめぐって「人殺し組織自衛隊の予算……」等と発言し物議をかもしたあと、引責辞任させたことがある。しかし志位氏は「藤田論文のとおり」としたにとどまらず、自ら記者会見で「松竹除名処分の正当性」を論じ、引くに引けなくなった。それどころか志位氏に続いて小池書記局長、田村副委員長、穀田恵二国対委員長とオールキャストで、声高に「松竹除名処分」の正当性をマスコミの前で語ってしまいこのまま突き進むしかない状況である。しかしマスコミが書くように国民世論は急速に共産党の対応に疑問を呈している。志位氏をはじめとする共産党指導部は泥沼にはまり込み、抜け出せず、騒いでいる状態に陥りつつある。

2）今日（二月一五日）付の「京都新聞」で、私・鈴木元が共産党中央や府委員会に抗議と謝罪を求めたと報道。志位委員長などが松竹氏の除名処分などを語るとき、私の『手紙』の中身を示すこともなく「党への攻撃を書き綴った本」と攻撃したことにたいして、私が抗議するとともに「赤旗」での反論権を保障し、謝罪と名誉回復を求め、松竹氏の除名処分を撤回することを求めていると報道した（※京都以外の方はインターネットで、「Yahoo!　京都新聞デジタル二月一四日号　鈴木元　松竹問題」と検索すれば出てくる）。

記事の末尾で党府委員会のコメントとして「対応を検討中。松竹氏の処分に手続き上の不備はない」と述べている。

3）ところで現在、南あわじ市の蛭子智彦市会議員が中央委員会に何回意見をあげても返事がなく、やむをえず、自分のフェイスブック等で意見を述べていた。それにたいして地区委員会から何回も止めるように指示されたが「中央は『赤旗』で一方的に意見を述べるが、われわれにはその場は保障されず、ＳＮＳでしか意見を述べることが出来ない」と表明し続けていた。ところが昨日二月一四日の地区委員会総会で除籍を決めるので出てくるようにとの連絡があった。そして昨日の地区委員会総会では時間切れになり一七日に再度、総会を開くことになったそうである。

私は同氏の除籍は間違いであると考えるが、それでも地区委員会は総会を開き本人にも弁明の機会を与え、時間が足りないということで再度、総会を開催するとしている。それに対し京都府委員会は松竹氏への事前の聞き取りは一時間一五分で打ち切り、処分は地区委員会総会ではなく常任委員会だけで済ませ、そこに松竹氏を参加させていない。だから私は規約運営上疑念があると指摘したのである。しかし府委員会は「手続き上不備はない」と言い放ったのである。これは問題になるだろう。

「朝日新聞」「毎日新聞」の社説に続いて「産経新聞」も社説で取り上げた。そして明日二月一六日発売の「週刊文春」が改めて両面見開きで、この「松竹問題」を取り上げる。「赤旗」は再び「悪意に満ちた攻撃」と論評するのだろうか。共産党はどんどん社会的に孤立・包囲されている。昨日書いたように自ら墓穴を掘り、深みにはまっているのが分からないのであろうか。常識的に言ってこれでは統一地方選挙で重大な危機に陥ることは目に見えている。目覚めて早く是正してほしい。（二月一五日）

4）ベトナムから発信する。共産党は下から崩れつつあるのではないか。

私は拙著『志位和夫委員長への手紙』において「共産党は、今、ここで改革しなければ停滞・後退し、社会的に取るに足りない勢力になり下がる危険がある」と述べるとともに「自壊して行くこともありうる」とその危険を指摘した。そして今、そのことが起こりうるように見受けられる。「週刊文春」の今週号（二月一六日号）で何人かの地方議員の人が公然と中央をはじめとする共産党の機関への批判を述べている。

そして今日二月一八日、共産党中央は再び地方議員・予定候補者の会議を開催した。まともな討議も質疑応答もなく小池書記局長の報告と三人の決意表明で、あわせて僅か三〇分余りという一方通行の会議で終わった。私は仕事で現在ベトナムへ来ているが、この会議の様子はインターネットを通じて見られるし日本へも発信できる。

会議の冒頭でまず小池氏は「松竹問題」について今までと同じことを繰り返すとともに、一人の知識人が「松竹氏への処分は、結社の自由に基づく内部規律（党規約）の違反者への除名処分で当然のこと」と述べたことを良識ある人々の声として取り上げた。そして今のように戦争の危険が増大している時、マスコミは反戦平和のために闘っている共産党を攻撃することは問題だ、戦争遂行勢力にこそ批判を向けるべきだとの従来の意見を繰り返した。戦争政策と闘っているのは共産党だけではない。現在、マスコミや世論が共産党への批判を急速に高めているのは、共産党が乱暴に松竹氏を除名したことだけではなく、それに苦言を呈したマスコミに対し「悪意の報道」などと感情をむき出しにして攻撃しだしたことに対する批判である。

私が注目したのは、同じことを繰り返す小池氏の発言ではなく、会議の参加者数である。全国の地方議員・予定候補者は優に二五〇〇名を超えている。しかし中継ユーチューブの参加者数は私が見ている時点で八八六名と出ていた。対象者の三分の一である。対面の会議で招集者を三分の一にすることはありうる。しかし選挙直前に中央委員会が招集し全国どこからでも参加できるユーチューブの参加者数が三分の一というのは異常である。もちろんパソコンが使えず共同で見た人もいるだろう。だから三分の一かもしれないが、いずれにしても少なすぎる。「赤旗」を見れば共産党には志位委員長と小池書記局長しかいないのかと思うほどの紙面の取り扱い方だし、連日マスコミへの批判文ばかり掲載され、およそ国民向けの新聞とは思えない紙面構成である。これでは二月末の減紙は免れない危険がある。こうした対応から共産党員でない協力者から「赤旗」の配達、ビラ撒きを断る人々

が現れている。(二月一八日)

5) 京都では三月五日に円山音楽堂で「志位委員長来る大演説会」が予定されている。ところが今の段階でまだ案内を知らせるビラが下りてきていない。「志位委員長は来ないのではないか」との話が広がっている。「もしも志位委員長が来たら、参加者の方から志位氏に向かって無言で『志位氏は帰れ』『志位氏は辞めろ』『党首公選制を』などのプラカードやポスターを持って現れるのではないか、それで来られないのではないか」とまことしやかな「うわさ」が流れている。そのころには私も帰国しているので「志位委員長に抗議し、謝罪を求める」という要求を書いて無言宣伝をしようかとも考えている。そうすると前列三列目ぐらいまでは「防衛隊」が聴衆の方に向かって座り込むということになりかねない。聴衆の大半は後期高齢者、「防衛隊」は前期高齢者という、何とも珍奇な演説会になる可能性がある。

今の事態は松竹氏がつくったのではない。共産党中央が規約運用上疑念のあるやり方で、そして理由において全くでっち上げに等しいやりかたで除名処分を行い、それをマスコミから批判されると、志位氏らはむきになって居丈高に「悪意の報道」と論じ、社会的に孤立してしまったのである。いまや志位氏と松竹氏の争いではなく、志位氏を先頭とする共産党指導部とマスコミ(世論が背景にある)との争いにしてしまって、社会的に孤立状態になり泥沼にはまってしまった。拙著『志位和夫委員長への手紙』で書いたように、志位和夫委員長は辞任し、臨時党大会で党首公選制を取り入れ、新しい指導部を構成して出直すべきである。

6) 昨日のフェイスブックで三月五日に共産党が円山音楽堂で「志位委員長来る大演説会」が予定されているの

にビラがおりてきていないと書いた。

　ところが昨日二月一九日の日刊「赤旗」の折り込みビラとして、市長選挙や知事選挙を共産党と共に闘った市民グループ三人の呼びかけで、同じ時間帯に別の場所で「統一地方選挙勝利の集会」が開催されることを知らせる市民グループのチラシが入っていた。しかし円山集会の案内ビラの折り込みはなかった。そこで私は知人に京都市へ円山集会のキャンセル届が出ているか問い合わせてもらったところ「出ていない」ということであった。念のために共産党京都府委員会にも問い合わせてもらったところ「やりますよ」ということであった。いったいどうなっているのだろうか。

7）昨日の「赤旗」に副委員長の市田忠義氏の本の宣伝広告が大きなスペースで掲載されていた。いままでは志位委員長の推薦が載っていたが、今回はそれにとどまらず全国四七都道府県委員長が名前入りで「私も推薦します」としていた。これは前代未聞のことである。宮本議長や不破委員長の時代でもなかったことである。何時から市田忠義氏の本は全国の四七都道府県委員長が推薦するようになったのか。これは市田氏こそ共産党の党建設のイニシアチブを握っているとのアピールと取られてもおかしくない。本当にそうなのか。市田氏は不破・志位の二代の委員長時代の書記局長であり、何回も「月間」を提起したが成功したことは無く、党勢は後退し続けてきた。その人の本が、今日の党勢を立て直す本とは思えないが、共産党はなぜそのような扱いにしているのか。私には分からない。（二月二〇日）

8）引き続きベトナムからの通信である。

二三日からベトナム・ハノイの通信状況が悪く、メールの受発信が出来なくなっていたが、ようやく復旧したので発信する。

私が中央委員会などに送った抗議と謝罪要求への回答はどうなったのか？

志位和夫委員長などが、記者会見や演説会などにおいて、私と私の本『志位和夫委員長への手紙』にたいして、まともな根拠も示さず「共産党攻撃を書き綴った本」などと攻撃した。それに対して私は二九日に抗議と謝罪を求める文書を志位和夫委員長に送ったが、未だに返事がない。志位氏などは事あるたびに中央に質問し回答を求めることができると語っているが、それであれば私の意見と質問に答えなければならない。言っていることと、やっていることが、あまりにも違いすぎる。速やかな回答を求める。（二月二五日）

9）「戦争前夜」とは何だろうか？
最近の「赤旗」を見ると「戦争前夜」という活字が目立つが何を根拠に言っているのか、よくわからない。結局のところ松竹氏を「綱領と規約を逸脱したので除名した」「異論を述べたから除名したのではなく、党内で議論すべきことを党外から攻撃した」とした。しかしその言動にたいしてマスコミから苦言が報じられると、いきり立って「悪意の報道」と全マスコミを敵に回してしまった。そこで「反共攻撃」と言い出したが、それでは党内を結束させても世間的には合意を得るのは難しい。そこで「反共は戦争前夜の声」と言い出したのであろう。そうだとすると「戦争前夜」という情勢認識が問題になる。

現在、日本は戦前のように、朝鮮や中国、東南アジアのどこかに侵略戦争をしようとしているのか、そんなことはない。「反共は戦争前夜の声」と言ったのは、朝鮮戦争時に蜷川虎三京都府知事が語った言葉として有名である。この時は、北朝鮮・ソ連・中国が流すデマ宣伝で、韓国が北朝鮮を攻め込んだように思われていた。しかし実際は北朝鮮が韓国に攻めこんだのである。今はロシアによる侵略、中国による覇権主義的行動が問題であり「反共は戦争前夜である」という状況ではない。問われているのは、共産党が松竹氏除名処分に始まり、全マスコミを敵に回した乱暴なやり方に対する社会的批判であり、それを改めることである。（二月二五日）

10、「赤旗」の土井洋彦氏の論文は何を言いたいのか？

1）「民主的に討論を尽くすは決して建前でない」は本当なのか？

党大会・中央委員会総会では一部例外を除いていつも全員一致である。なぜなのか？

多階層・多様な意識を持っている党員によって構成されている国民の党である共産党では意見が分かれて当然なのである。だから多数決制にしているのであり、その前提は自由な討論である。

しかし大半の決議は全員一致である。自由な討論の上で、多数決で決めて行動の統一を図るのが規約の精神であるが、それが実行されていないのが問題なのである。拙著で書いたが、党大会の代議員七〇％以上が共産党から給与をもらっている専従職員である。そして二割の反対の人々がいても地区党会議、都道府県党会議で多数の八割の人々によって落とされて党大会には賛成派の人しか代議員として参加していない。役員は前党大会の役員たちによって推薦されるという形式になっている。これで「民主的討議は決して建前ではない」とどうして言えるのか？

2）「社会の在り方――自由、民主主義、人権を断固として擁護・発展」と言い切れるのか？

今回、マスコミ各紙が共産党のやり方にたいして苦言を呈した。すると志位委員長らは「悪意の報道」と言い「反共攻撃」と言い出した。政権についていなくても、こうした攻撃を行う共産党が政権につけばどうなるのかが国民が抱いた不安である。この気持ちを理解できないのだろうか。

土井氏は「党内に自由と民主主義もない全体主義政党が権力を得たことが民主共和制を破壊した」としてナチス政権を紹介するとともに「旧ソ連の場合も、レーニンの死後に権力を握ったスターリンが党内の民主主義を根こそぎ圧殺したことが、大量弾圧・専制国家の転落につながりました」としている。かつて不破哲三氏が田口富久治氏などを批判した時、政党の在り方と政権は別のことであると批判した。土井氏は非民主的な政党が政権につけば政権も非民主的になると書いている。これは田口氏が言ったことであり不破氏はこれを批判したのである。土井氏は田口氏の立場に立ったのか。明確にする必要があるが、それとも、そうした議論があったことも知らなかったのか。スターリンの問題は既に拙著で紹介している。レーニン時代は自由で民主的、スターリン時代は抑圧的であったというのは歴史の無知である。反対派を大量に除名したのも、強制収容所を作ったのも、秘密警察を作り、反対派を逮捕し銃殺したり収容所送りにしたのもレーニンが開始したことである。スターリンはレーニンの忠実な部下として、それを実行しレーニン死後それをより一層徹底したのである。

土井氏の今回の論文は、現実を見ようとしない建前論と歴史認識の欠如が問題である。（一月二五日）

3）ベトナムから帰国した。

今回、私がベトナムへ行っていたのは次のような仕事である。ベトナム戦争中にアメリカがダイオキシン入りの枯葉剤を撒き、いまなお、それが原因と考えられる障害者が約一〇〇万人いる。しかもその二世（有名なベト・ドク兄弟も）三世さらに四世にまで影響を与えている。私は二〇〇〇年からこの問題にかかわってきたが、現在はＪＩＣＡからの委託事業として枯葉剤被害障碍者青年にたいして農業を通じて社会参加・自立してもらうプログラムを実施している。現在のプログラムは九月末で終了するので、その次をどうするかで現場を見て回った。その上で、ベトナム枯葉剤被害者協会本部やハノイの日本大使館、ＪＩＣＡハノイなどに今後の方策について相談に行ったのである。このことの詳細については別途書くことにし、ここではこれ以上は省略する。

帰国して、まず溜まっていた新聞を整理し読んだ。私はいつものやり方で、新しい物から読んでいく。そこで気が付いたことがある。（三月三日）

4）二月一八日の「赤旗」以来、「松竹問題」の記事が掲載されていない。どうしたのだろう。

二七日には、松竹氏が外国人特派員協会に呼ばれて講演・質疑応答を行っている。松竹氏のブログ「超左翼おじさんの挑戦」を見れば分かる。同じ二七日、Yahoo! ニュースに、この間の「松竹問題」について比較的詳しい報道がなされている。インターネットで「Yahoo! ニュース　二月二七日　共産党大激震」と検索すれば出て来る。ここでは事実に基づく記事と、フィクション、例えば京都府委員会は市田派と鈴木派が「にらみ合っている」などの荒唐無稽な記述もある。本来共産党としては黙っていられない記事だと思う。この二つについて二八日、遅くとも三月一日には「赤旗」にコメントが出されると思っていたが今日にいたるも何の報道もない。どうしたのだろうか。

5)「党員参加の党首選挙を行えば党首独裁になる」と志位委員長が答えた。

二月二七日付の「赤旗」に、前日の二六日にテレビ出演した志位委員長が質問に答えた内容が一ページ半にわたって掲載されている(以下、筆者の要約)。その中で記者「二二年にわたっておられるが」志位「選挙の結果そうなっただけ」記者「全党員参加の選挙は?」「党員参加の党首選挙を行えば、党首の独裁へ進むのでやりません」というやり取りがある。

「選挙で選べば独裁になる」とは「国民が主人公」と言っている政党の党首としては考えられない非民主的発言である。同時にこの発言は共産党の「各級指導部は選挙によって選ばれる」とする党規約の精神から言っても許されない。志位氏等は松竹氏が党首公選を党外で主張したことは党規約違反だと除名の理由にした。それでは志位氏の党決定の何処にも規定されていない「党員参加の党首選挙を行えば党首独裁になる」とのかってな発言は規約違反にならないのか。党規律委員会で慎重に検討していただきたい。

6)宮城県議会において共産党議員が知事にたいして長すぎると批判し、知事には「志位委員長に、お伝えしたい」と答弁したとされる(今日三月三日、読売新聞デジタル)。

三月二日の宮城県議会において共産党の三浦一敏議員は村井知事にたいして「長く続けると、誰の意見も聞かなくなる。お辞めになったほうがいい」と追及したのに対して、村井知事は「その言葉は志位委員長にお伝えしたい」と答弁。他党などに対しては「長すぎることは良くないと」と追及しながら、自分のことについて「選挙で選ばれてきた」「余人をもって代えがたし」「選挙で選べば独裁になる」とか支離滅裂な発言。これが国民から疎まれる理由の一つである。定年制、任期制、選挙制の導入が必要なのである。

明日四日、私は会長をしている地元の共産党後援会として、統一地方選挙勝利の決起集会を開催し私が開会挨拶を行い、集会後、皆さんと一緒に団地の中を共産党の旗を掲げてハンドマイクを持って「反戦平和の共産党を躍進させてください」と練り歩く予定をしている。こんな私を何の根拠も示すことなく「共産党攻撃を書き綴っている」人間として「赤旗」や演説会で攻撃することについてお止めになり謝罪すべきだろう。（三月三日）

7）「西日本新聞」コラム欄「風向計」二月二五日に掲載された記事を一部紹介する。筆者（鈴木）による抜粋紹介である。（三月六日）

まるで自民党員が書いた本のようだ。筆者である古参の共産党員二人はうれしくないだろうが、それが率直な感想である。

「シン・日本共産党宣言」（松竹伸幸著、文春新書）

「志位和夫委員長への手紙」（鈴木元著、かもがわ出版）

二人ともジャーナリストとして他にも著作がある。新刊に共通するのは党首公選制の実現である。鈴木氏はさらに踏み込み、二〇年以上党首の座にいる志位氏の委員長辞任を求める。

派閥の集合体でもある自民党なら、まだあり得る勇気だ。分派を禁じる共産党のトップに一党員が「やめろ」と公然と迫るのは、日本政治史に刻まれる事件といってもいいだろう。「自民党員が書いたような本」と思うのは、とりわけ共産党の安全保障政策に対する二人の異論からだ。

松竹氏は、ロシアのウクライナ侵略を眼前に国民は「外交努力で何とかなる」との従来型の安保論では納得しない、と主張。鈴木氏は、軍備増強する中国などにより日本が急迫不正の侵害を受ければ「違憲の自衛隊」を活用するという党の主張はご都合主義だ、と訴える。

新鮮な驚きである。何も「大軍拡を」とは言っていない。世界情勢の変化で、日本には「侵略する」より「侵略される」危険性が浮上した。日米安保を容認し自衛隊を合憲とした上で、非軍事を含む多様な抑止力強化を―などの対案を示す。

現実的である。もとより異論にもまれない政策論は独り善がりで一段高い結論は導けない。

「二人が共産党飛躍の好機をつくった」と私は思うがどうだろう。第三者が言うのは「結社の自由」を理解しない不見識な攻撃か。

「風向計」（二三・二・二五）小出浩樹（特別論説委員）

8）名誉棄損について弁護士と意見交換した。
れっきとした党員である私にたいして、突然「赤旗」紙上や演説会そして記者会見で志位委員長や小池書記局長、市田副委員長などが攻撃することは党規約上で重大な問題を含んでいるので、今後対策を立てるつもりである。

その第一弾として市田副委員長が広く社会的に開かれている自らのフェイスブックで「俺が俺がの鈴木は転落し、哀れな末路を示している」などとなんの根拠を示すことなく人格否定の攻撃をおこなったことは、社会的階級的道義を説いている共産党の規律を否定した言動と思う。同時に社会的には名誉棄損の行為であると考えている。それで今日、京都の著名な弁護士とそのことについて意見交換した。私が法的手段に訴える場合、当然私は自分で法廷に立つし、例え地裁で敗れても高裁、さらに最高裁まで闘うつもりである。そのさい市田氏はどうするのだろうか。代理人を立てるのか、最後まで闘わず、自らの軽薄な発言を反省し和解を申し入れてくるのだろうか。市田氏の発言は党の幹部の社会的発言としては共産党の歴史上なかったお粗末な発言である。撤回し、謝罪するのが問題をこじらせず、共産党のためだと思うがいかがなものか。このフェイスブックを見た人が市田氏に伝え是正するように伝えてくれればありがたい。(三月七日)

11、共産党中央の安全保障政策をめぐっての松竹氏、私・鈴木元への対応

松竹氏への処分の最大の理由とされているのが、規約に基づいて党内で問題にせず突然党外で本にして自分の主張を述べたとするものである。これが事実でないことは松竹氏『シン・日本共産党宣』を読めば分かることである。松竹氏は党本部において安全保障問題で志位委員長に意見をあげていた。松竹氏は将来、綱領に基づいて安保破棄・自衛隊解散を目指すが、当面日本への侵略があった場合は自衛隊の活用はさけて通れないとの趣旨で意見を述べた。それに対して志位委員長は、わが党の政策は自衛隊解散だと主張した。それで松竹氏は中央の勤務員を辞めざるを得なくなった。

ところが志位氏自身が五月二八日「朝日新聞」のインタビューに答えて、自衛隊の活用どころか、「わが党が入った政権では自衛隊は合憲」と言い、別の個所では当面安保条約は維持すると言っている。だから当時の論争を知っている人たちは「志位委員長は松竹氏に謝罪すべきだし、松竹氏は辞める必要は無かった」と言っているのである。共産党中央は松竹氏に対して「一度も党内で異論を言わなかった」と言っているが、そうでないことを一番知っているのは志位氏である。

私は志位委員長宛てに彼が自衛隊合憲論を述べたことにたいして批判の文書を送るとともに、返答を求め住所・ファクス・Eメールを知らせ返事を待った。しばらくすると私のパソコンメールに、質問回答係という名前で、共産党の安全保障政策に関する文書が届き「志位氏の意見はわが党の方針そのものである」との趣旨の文書が届いた。私は党大会決定の「前衛」特集号を取り出し、メール係なる組織を調べたがわが党の機構としては言葉を含めて書かれていなかった。しかも文末には回答係と書かれた杜撰なものであった。

私は送られてきたメールに「志位委員長に代わって返事をするなら組織図にもないメー李係ではなく、書記局などの責任が明確な組織が回答すべきである。これでは志位氏の私の文書への回答とは認められない」と書くと同時に「わが党が入った政権では自衛隊は合憲とする」という政権は「自衛隊は合憲であるとする政党との政権ですか」(この時点では自民党・公明党・維新の会)と言う意見・質問を送った。すると「そうです」という返事が来た。そこで私は再度そのメールに「志位氏ら最高幹部に以下メールを送りますがいいですね」と書いて送った。

そこで宛先が志位氏であることを明示して、「貴方に代わってと読めるメールが届いたが確かめようがない。責任ある組織名で返事をすべきだし、自衛隊は合憲とする政党と政権を担うとの答えが来たが、本当ですか、これを広く社会に明らかにしてもいいですか」との趣旨で質問したが返事はなかった。このことは共産党のあり方と係わる大問題なので、その時点では公表しなかった。

しかしその後、後で書くように渡辺京都府委員長などが「鈴木は中央に意見書を送ったが返事ないなどとウソを言っている」とあちこちで吹聴しているので明確にしておく。そして参議院選挙本番では志位委員長をはじめとする党幹部の誰一人として、合憲論どころか活用論も述べず平和外交論一本やりになった。だから私は拙著『志位委員長への手紙』で志位委員長らに政権論の枠内で、自衛隊合憲論など思い付きで語ってほしくないと記したのである。

共産党中央は松竹氏が党内で意見を上げてこなかったと言うと同様に、鈴木は志位委員長への意見にたいして、返事をしているのに「返事が来なかったとウソをついている」と言うかもしれない。要するにまともに安全保障論についての議論をするのではなく、手続きや経過をゆがめて攻撃する手法である。（三月一一日）

12、党外の人々からの貴重な意見

かもがわ出版に以下のような投稿が届いた。なかなか鋭い論考だし、私の「手紙」を評価していただいている。そして私の除名を予測されておられる。長い文章なので私の責任で一部抜粋紹介しておく。（三月一一日）

〈ひとり、またひとりといなくなる〉

二月六日日本共産党が松竹伸幸氏を除名したことについて、私の感じたところを本ブログに書いたばかりであるが、おそらく次の標的にされるであろう鈴木元氏のこともここに書いておきたい。

京都の共産党はかもがわ出版の松竹伸幸氏を除名した理由書で、鈴木氏の著作『志位委員長への手紙』（かもがわ出版）を共産党に対する攻撃を書き連ねたものと非難している。

本の帯には「貴方はただちに辞任し、党首公選を行い、党の改革は新しい指導部に委ねてほしい」とある。挑発とも思える文言だが、中身は批判と提案である。氏は、いわゆる研究者ではないが、党活動の豊富な経験と深い学識、冷静な情勢分析にもとづいた説得力ある議論を展開している。

ところが、それは戦後共産党史ともいえる内容で、わたしの力では概要を一口でいうことができないので、以下に目次の大項目を要約して記すことにする（略）。

わたしが鈴木氏の本で注目したのは、マルクス以来の「社会主義」についての見方である。ソ連・東欧が崩壊したあと、「社会主義はどうなるか」という問いに対して、日本共産党は二〇〇四年の党大会で、中国・ベトナム・キューバを、「社会主義をめざす新しい探求が開始され、人口が一三億を超える大きな地域での発展として、二一世紀の世界史の重要な流れのひとつとなろうとしている」と答えた。

中国を天まで持ち上げる評価をくだした主な人物は、共産党最高理論家とされる不破哲三氏である。不破氏は二〇〇二年から数回、中国共産党中央の理論家たちと討論会をやり、国営資本などを経済の「瞰制高地（かんせいこうち＝戦略拠点）」としてしっかり握ること、などと説教した（不破哲三著『マルクスは生きている』（平凡社、二〇〇九）。

中国側がこれをどう受け止めたかは、私のようなものでもわかる。天安門事件以後の中国の経済学界は「マルクス先生さようなら、ケインズ先生・フリードマン先生こんにちは」という雰囲気だった。中国の学生たちはわたしに例外なく「社会主義の後は資本主義が来る」といった。

不破氏の「中国は社会主義をめざしている」という評価は、氏との討論に参加した中国の理論家にとっては、表向きはともかく、内心はきまりの悪いものであっただろう。

鈴木氏はいう。

「それから二〇数年経った（共産党の二〇二〇年の第二八回党大会において『中国はその乱暴な大国主義

から、もはや社会主義とは言えない』というと同時に、志位委員長・貴方は『その経済の在り方について言うことは内政干渉になるので言えない』としています。野党で権力に関わっていない共産党が中国経済について分析し評価を述べることがなぜ内政干渉になるのですか」

「要するにかつて不破氏等が『中国は社会主義計画経済と市場経済を結合し創造的探究を行っている』と言っていたことがまったく誤っていたことを認めたくないだけではありませんか」

そこで鈴木氏は、社会主義は現実の政治目標となりうるのかと問う（略）。

著作を読む限り、鈴木氏はできるだけ客観的に事実に即して冷静に物事を考えようとしている。共産党と志位委員長に対しては、舌鋒が鋭いときもあるが、悪意ではなく善意の批判をしていると私は受け止めた。

これを共産党はなぜ党に対する攻撃とみなすのか。なぜ権威ありげに振る舞う反共評論家と真の批判者の区別がつかないのか。

ひとつには共産党の組織原則が、異論を排除する強い傾向をもつものだからである。それに一九六〇年代七〇年代に入党した人は、たいてい党中央に忠実であることを良い党員の基準としているから、松竹氏や鈴木氏の問題提起を党に対する攻撃とすることに躊躇はない。

鈴木元氏はまもなく共産党から処分されるだろう。だが、そのあとに何が残るだろうか。（三月一三日）

第二章
除名処分をめぐる京都府委員会とのやりとり

〈三月九日、私の規約違反を調査するための京都府委員会の会議が開かれたので、出席した。一五日、私の処分を決めるための常任委員会の会議が開かれた。後者の場でのやり取りを紹介したい。ゴシック体は府委員会、明朝体は私・鈴木元である。〉

久しぶりです。こんな形で会うなどとは想像もしていませんでしたが、これもまた出会いの一つと思いますので、きちんと話し合いあって出来るだけ一致点を見出していきたいと思っています。

さる九日に「調査」のためとする会合でお会いした時、府委員会の問いただしの長い文書を、筆記できない早口で朗読されました。そこで私は、この場で即答できないので、改めて文書で回答し、それに基づき二回目の会議を持ってくださいと申し上げました。しかし今日は調査のための二回目の会議ではなく、府委員会総会でもなく常任委員会で処分を決め言い渡すので弁明の機会を与える会議であるとの連絡を受けました。これは党運営（規約）上極めて拙速で乱暴なやり方だと思います。

私が府委員であった当時にも処分問題がありました。ある事件の時、私は調査委員の一人でしたが調査の結果に基づき、総会で保留したことがあります。規約が定めているように処分は慎重でなければなりません。このような拙速で乱暴なやり方は、党の民主的発展のためには間違ったやり方であると思います。議決に参加された皆さんの党歴が問われる事になるでしょう。これは「歴史が決着をつける」というようなずっと先のことではなく、そう遠くない時期に、あれは誤りであったということになるでしょう。

今回の府委員会の見解を読むと、私の本『志位委員長への手紙』（かもがわ出版）に関する問題がほとんどです。そこで一言、この本に係わっての問題意識を述べておきます。私は共産党に危機意識を感じています。今ここで改革しなければ共産党は国政レベルでは取るに足りない組織になってしまうという危機意識です。共産党は私を含めて党内外の多様な人々の意見を聞きその改革に務めなければならないと思っています。皆さんはどう考えていますか。今のままのやり方を続けていて前進すると思っておられますか。これが根本問題です。

皆さんは党歴六〇年の党員の処分を、主として『志位和夫委員長への手紙』で記載していることが「党攻撃である」を根拠にしています。今日以降、あなた方は党内外の人々から「そうだろうか」との質問・疑問が出された時、相手の人に納得してもらえる程度に丁寧に読んでおられると思いますが、大丈夫ですね。

鈴木元様

■調査にあたって

党規約第三条「党は、党員の自発的な意思によって結ばれた自由な結社であり、民主集中制を組織の原則とする」、第四条「党の綱領と規約を認める人は党員となることができる」。

鈴木さんは、これを認めて、党員として活動してきたことを確認したい。

私は高校三年生の一八歳の時に綱領と規約を認め入党し、党歴六〇年ですが、今も地域の後援会の会長として、この三月四日に開催した地元の後援会集会であいさつし、二月度は「赤旗」日刊紙を拡大、三月一二日の地元の選挙事務所開きに参加し、少しばかり寄付もしてきました。統一地方選挙での共産党の躍進を願っています。

あなたの行為は、次のいくつかの点で、規律違反だと考えています。以下、報告するので、これらの点について、考えをうかがいたい。

先日九日の「調査の日」には以下の府委員会の文章がプリントされず早口で読み上げられ、回答することができなかったが、今日は文書にして答えます。それに対してあなた方が納得出来なければ何回でも質問していただいて、出来る限り認識を一致させたいと思います。

1、『志位和夫委員長への手紙』の出版について

①「決定的誤りは、宮本氏によって不破哲三氏と貴方・志位和夫氏の幹部会委員長・書記局長の後継指名が行われた事です。…このやり方は毛沢東が林彪や華国鋒を後任に指名したのと同じやり方ではないですか。およそ近代政党とは言い難い『個人独裁』的運営です」（八五~八六ページ）、「宮本氏以来の後継指名で歴代の党首を引き継いできたのです。ここに共産党が国民の目から見て異質性を感じられる一つの要因」（九三ページ）、「貴方は最高決議機関である党大会でも選ばれていません。それでは中央委員会で選挙されているかと言えば、そこでも選挙はされていません」（九二ページ）などの記述は、事実を歪めて、党を攻撃しているものです。

ここに引用されていることはその通りではありませんか。引用が適切でないとされる「およそ近代政党とは言

い難い個人独裁的運営です」は宮本氏について述べているのであって共産党一般について述べているのではありません。宮本氏が不破氏や志位氏を後継者指名したことは不破哲三氏が『時代の証言』（中央公論新社）で書いていることです。宮本氏は亡くなりましたが、このやり方が多少形を変え、前大会の常任幹部会（現在では志位氏が委員長）が次期党大会の中央委員会にたいして三役（委員長志位氏）を推薦するという形で引き継がれてきており、世間でいう選挙は行われていません。なお形式的には習近平氏、大粛清以前のスターリンは、党大会において参加している全代議員の投票で選ばれ得票数は発表されていました。日本共産党は党大会で全代議員参加による投票さえ行われていません。

規約では指導部は選挙で選ぶとしか書かれていません。選挙がされていると言うのであれば全党員参加の党首選挙も選挙の一つの形態であり、特段否定すべきものではありません。

全党員参加の選挙をすれば分派が生まれるとか、分裂する危険があるなどと否定することは、党規約でも過去の党大会でも定められていません。なお実際のところ日本共産党では一度も全党員参加の党首選挙が行われたことが無いのに、このような断定的な予測は正しくありません。

この見解は二〇二二年八月二四日付の「赤旗」紙上で党建設委員会なる性格も権限もあいまいな組織の名前でだされたもので、これを党規約や党大会決定の上に置くことは組織運営として正しくありません。

②「『決定の無条件実施』『下級は上級に従う』などを決定しました。これらのレーニン流の民主集中制は…現在の共産党の規約に継承されたのです」（一六二ページ）という記述も、第二二回大会（二〇〇〇年）で削除された部分が〝現在の党規約に継承〟と、事実を歪め、党を攻撃するものです。

あなた方の記述は、私の本の引用を意図的にずらしています。日本共産党はレーニンが結成したコミンテルンの日本支部として作られたことは歴史的事実です。コミンテルンに加盟するには二一か条を認めなければならなかったが、その重要な命題は、A革命路線としては暴力革命（実力革命）、B組織原則としては民主集中制、C党名として共産党を名乗ることが条件でした。戦後、日本共産党が徐々に自主独立を確立していくにしたがって、この三つについては日本の現状に合うように改善されてきました。私はそれを正しいことだと考えているし、二二回党大会での規約改正も良いことだと考えています。Aは完全に脱却しました。Cはそのまま。Bは脱却したものと脱却出来ていないものがあります。

脱却できていないものが、レーニンが党建設の二大柱とした職業革命家（皆さんのように党から給与が出ている専従職員）が核となった党運営。日本共産党は最高決議機関である党大会の代議員の七割以上が専従職員によって構成されています。そのため多様な国民の気分や要求を反映しにくい。インターネット時代であるにもかかわらず、膨大な赤字を出してきた「赤旗」日刊紙を軸に据えた機関紙中心の党活動を行っています。党員が高齢化している状況の下、宅配制度を維持するのは困難になってきています。私が住んでいる洛西ニュータウンでも高齢化のために、次の参議院選挙時点では配達を維持できているかどうか危うい状況です。

あなた方が書いているように、二〇〇〇年の第二二回党大会の規約改正で「上級・下級」が改められ役割分担であるとされましたし、決定の「無条件実施」の言葉も削除されました。私はこの改正は良いことだと考えています。しかし実際の党運営はどうですか。

県と中央は役割分担であって上下ではないなら中央と意見が異なる時、県は中央に従わなくてもいいですが、そうなっていますか。昨年「特別期間」が開始された八月末の「赤旗」で全国主要都道府県の委員長が顔写真入りで「八月末を増紙で迎えるために頑張ります」との趣旨の声明が並んで掲載されました。これはそのような声明を書き送るように言われたのではありませんか。そうでなければ一斉に並んで顔写真入りの決意表明など掲載されることはありえませんが、どうですか。

それまでは党員の義務として「決定を無条件に実行しなければならない」と書かれていましたが「無条件実践」という言葉が削除されました。ところで現在党籍がある党員の何割もの人々が党費を納めず、「赤旗」を購読せず、会議に参加していません。したがって実際には党規約の「無条件実践」は意味がなくなっています。その規定を外したからと言って何か変わったのですか。ただ文面的には反対した人は実行しなくても問われないと読めますが、そうなんですか。

③また、「現場を知らない陸軍・海軍大学出身の参謀たちの現実を無視した主観主義の作戦と同様…指導者としての資格がない」（一二〇ページ）、「党に老害をもたらしている」（一三九ページ）などは、党幹部の人格を否定した誹謗・中傷です。

これも事実ではありませんか。昨年八月から一二月にかけて特別期間が五か月間にわたって行われながら党勢は増加せず後退しました。その最後の月である一二月二日の「赤旗」で、前月の一一月に日刊九二部増紙（一県当たり二部）、日曜版二〇〇部（一県当たり四部）の増紙と発表されました。ところが志位委員長は「目標は大きく見えますが一支部あたりにすれば日刊紙一部、日曜版九部です」と言いました。つまり一二月に日刊紙一万八〇〇〇部、日曜版九万部やろうということです。これが現実を無視した主観的方針であることは誰が考えても明確なことで、帝国陸軍や帝国海軍の現場を知らない幹部と同じだと言っているのです。反論出来る人がおれば反論してください。それが正しい方針と言い張るなら一二月にどれだけの拡大が出来ましたか。一二月も全国で一〇〇部二〇〇部単位の増紙でした。

知っておられると思いますが、宮本議長に老いが現れた時、不破哲三氏が自宅へ何回も足を運び勇退させました。これも先の『時代の証言』（中央公論新社）に書かれています。その時の宮本氏の年齢八八歳をはるかに超えているにもかかわらず、不破氏は今も常任幹部会員で、社研所長として党のマルクス主義解釈を代表するなど老害以外のなにものでもありません。定年制、任期制、選挙制を採用しなければならないのは人類の知恵なのです。

これら（上記①〜③）は、党規約第5条2項「党の統一と団結に努力し、党に敵対する行為はおこなわない」に違反します。

そういうことはありません。読まれたら明らかなように党に敵対していません、志位委員長、宮本氏、不破氏のやり方は党の発展にとって良くないと、改革を提起しているのです。

2、綱領と規約の理解について

①「純軍事論的にいえば、政権に就こうとする限り『安保容認・米軍の出動要請、自衛隊合憲・活用の立場』に

立たざるを得ません。…それは…『安保破棄・自衛隊解散』の主張と根本的に異なりますが、現実をリアルに見て考えればそうなります。そうすると党大会で綱領と安全保障政策を一八〇度変えなければなりません」（五〇ページ）という点については、綱領を否定する立場です。

なぜそんなことになるのですか。綱領では安保廃棄・自衛隊解散と書いていますよ。それを志位氏が言うように安保容認・自衛隊容認とするためには党綱領を改定しなければならないと言っているのですよ。これが綱領を否定することになるのですか。明確なことは志位氏が自衛隊活用・わが党が入った政権では自衛隊は合憲と言った時、私はそれを批判し綱領を守る立場を堅持しました。

②「常任幹部会員で社研所長である不破氏のマルクス研究と彼の恣意的なマルクス理論の党員への学習奨励は党と党員にとっては不幸なことです」（一三九ページ）、「私は、不破氏一人が『マルクスの解釈権を持っている』ような閉ざされた独占的なやり方では、マルクス主義文献のタコつぼ式解釈論から出られないと思います」（一四三〜一四四ページ）、「不破哲三流の未来社会論・共産主義を根本目標から外すべき」（二〇〇ページ）など、綱領がかかげる未来社会論を否定しています。

綱領の未来社会論は、個人の研究にとどまらず、全党討議の中で、党大会として決定したものです。

私の本で書いているように、私は未来の社会主義・共産主義社会がマルクスが書いているような分配論にとどまることについては乗り越えるべきと考えています。しかしマルクスが『ゴータ綱領批判』で二段階論、低い段階では労働に応じて、高い段階では必要に応じてと書いていることは誰が読んでも明確です。にもかかわらず不破氏は「それはレーニンの読み違いである」「社会主義・共産者義は一つの段階である」という見解を示していることを、私は間違いであると指摘しているのです。現在の共産党中央でマルクスの文献について論を立てている人は、事実上不破氏のみになっており、このような間違った解釈がまかり通っていることは不幸なことです。あなた方は本当にレーニンの読み違いと思っているのですか。

共産党はかつて民主主義革命から連続的に社会主義革命へと言っていましたが、今では課題となるに変更しました。それどころか民主連合政府でさえ二一世紀の遅くない時期にと、一〇〇年単位のことにしています。それでは社会主義は二〇〇年先、三〇〇年先のことで、現実政治の展望を明らかにして闘いを組織することが任務であるはずの政党の現実的課題ではなくなっています。そういう時に一七〇年も前のマルクスの論文を取り出してあれこれ言うことは適切ではないと言っているのです。したがって私は拙著で「せいぜい資本主義を克服し、自由・平等・共同の社会を作ろう」程度にしておくべきだと言っているのです。それが綱領違反ですか。いくらでも論議してもいいですよ。

③「党運営において多様な政治グループの存在を認める」（二二六ページ）は、民主集中制の否定であり、規約の否定です。

本の中で書いているように党の綱領と規約を認めて入党した何十万人という党員の間でも、個々の政策について意見が違って当然なのです。だから党規約では「党の意思決定は、民主的議論を尽くし、最終的には多数決で決める」としているのです。つまり異論があることを前提に民主的討議と多数決制を定めています。次の分派の問題とかかわりますが、そういう党運営をおこなう場合、反対派、賛成派、保留などのグループが生まれるのはあたりまえであり、それは分派ではありません。様々な意見の存在を認めない立場に立てば、当然多数決制は定着せず、いつも満場一致という傾向になり党内での生き生きとした議論ができなくなる状態を作り出し、党の活性化を図れなくなっていきます。民主的討議、多数決制、決定の実行が本来の規約の精神なのです。違いますか。

以上のように、党の綱領と規約を否定し、外部から党を攻撃したものと判断しています。

私の意見を捻じ曲げた意見であり承服できません。

3、「分派」の形成について

松竹氏は、あなたに対して、本の内容を知ったうえで、その出版を督促しました。春ごろに出す予定だったものを、松竹氏から「同じ時期に出た方が話題になる」と言われ、この誘いにあなたは応じました。これは分派の一翼をになった行為です。また、あなたも「(松竹氏が)内容を知っていたなどは編集者としてあたりまえのことである」と認めています。

そして、松竹氏も「私は、この本を出す過程で、編集者として鈴木元さんの本を担当していたため、鈴木さんが党の内部で何回も中央委員会や京都府委員会に党首公選を実施せよなどの意見をあげているのに、いっさいの

回答がなかったことを知る立場にありました」（二月一七日、松竹氏ブログ）と書いています。

また、あなたは、著書の中で「党内で政策グループの存在を認めない限り共産党の大衆的発展はないのです」と主張しています。これは、党内に派閥・分派の存在を求めるものであり、党規約三条四項「党内に派閥・分派はつくらない」に違反しています。

私の本の出版企画は松竹氏とは何の関係もありません。昨年出版した『ポスト資本主義のためにマルクスを乗り越える』（かもがわ出版）の続編として私が構想企画し出版社に持ち込んだものです。私がこの本とかかわって松竹氏と会ったのは一度だけで、校正の確認のために喫茶店で一時間会っただけです。本が同じ時期に出たのは松竹氏がブログで書いているように、同じテーマの本は同じ時期に出した方が販売促進になるという出版社の経営判断を尊重しただけのことであり、到底分派を構成したなどとは言えません。

政策グループ云々は上記した通りです。ところであなた方が言う、派閥・分派の規定を教えていただきたい。党規約では派閥・分派は作らないと書いていますが、派閥・分派とは何なのかという規定がありませんので教えていただきたい。

他党では派閥とは、一定の政治目標を文面で明記して合意し、誰が派閥の構成員であるかも明らかにし、目標が達成されるまで継続的に活動し、時には独自の機関紙を定期的に発行するものなどとされています。私は他党で行われている派閥には反対で、そういうことをしたい人は別の党を作るべきと考えています。問題はあなた方は分派や派閥をどのように規定しているかです。それを明示しないで、特定の個人に対して分派だなどとレッテルを貼って処分するのは間違いと思うのですが、納得できるように説明していただきたい。

なお出版不況の今日、編集者が同じ分野の本を同じ時期に出版し販売を促進することは出版社の編集者として、ほめられこそすれ批判されるものではありません。ましてやその編集者と執筆者は分派を構成をしているなどと非難することは言語道断で社会的に到底認められるものではありません。

4、その他の論点について

①あなたは、二月九日付で、志位委員長、渡辺府委員長、河合地区委員長あての「見解」を送りましたが、同時にこれを自らのフェイスブックで公表しました。内容は、先に出版した自らの本での攻撃を繰り返すものでした。これも、党規約五条二項「党の統一と団結に努力し、党に敵対する行為はおこなわない」に違反し、党規約第五条五項「党の決定に反する意見を、勝手に発表することはしない」に違反する行為です。

志位委員長、小池書記局長などは私に声をかけることは無く「赤旗」で突然、一方的に私を攻撃されました。松竹氏の除名処分文書も公表され、その中でも一方的に私を批判されました。私に声をかけ内部で解決する努力をせず、一方的に公の場に出されたのはあなた方です。あなた方だって「京都新聞」などから取材を受けることなく一方的に批判されれば公にして抗議するでしょう。なぜ私は一方的に公然と批判されたことを公に反論したら規律違反になるのですか。共産党の幹部や機関だけには、相手に声をかけ内部的に処理する努力をせず、突然一方的に外で攻撃する権利があり、それを批判されたら内部問題を外に出して攻撃した規律違反だと言うのですか。きちんと説明していただきたい。中国ではともかくとして、日本では貴方がたにそのような特権はありません。

②なお、あなたは「意見をあげたからといっても解決どころか回答もしないのである」「『党内で解決すべきである。その努力をしないで外から言うのは規律違反である』と結論づけることはできないだろう」（二月九日、フェイスブック）と主張し、この意見を公表しています。

あなたが、二〇二二年六月五日付で志位委員長はじめ中央委員会幹部会に出した質問については、六月一七日、中央委員会質問回答係名で回答しています。この回答は、書記局の集団的検討を経たものです。

このように、あなたが事実を歪めて、〝中央に意見をあげたが、回答もしない〟などと言ってそれを公表すること自身が、党規約第五条二項「党の統一と団結に努力し、党に敵対する行為はおこなわない」に違反し、党規約第五条五項「党の決定に反する意見を、勝手に発表することはしない」、同八項「党の内部問題は、党内で解決する」に違反しています。

まず明確にしておかなければならないことは、参議院選挙後の七月一二日の常任幹部会声明で「ご意見をお寄せください」と発表され、私を含めて多くの人が意見を上げました。しかし六中総では「ご意見は、今後の地方選挙に生かしていきたい」と述べるのみで、何ら具体的に回答はされませんでした。これは全党に対する約束違反です。それとも、あなた方は「党員は中央にたいして質問や意見を言う権利はあるが、中央は質問や意見は聞くが、答える義務はない」と考えておられるのですか。なお現在中央は「全党への手紙」を送り、返事を求めていますが、この支部やグループからの返事にたいして中央として返事を書きますか。私はその前の衆議院選挙でも意見を上げましたが返事はありませんでした。

次に提起されている志位委員長の五月二八日の「朝日新聞」のインタービューで「わが党が入った政権では自衛隊は合憲である」との見解を批判した意見書の取り扱いについて述べます。

私は志位委員長宛てに、彼が自衛隊合憲論を述べたことにたいして批判の文書を送るとともに、返答を求め住所・ファクス・Eメールを知らせ返事を待ちました。しばらくすると私に届いたパソコンメールに、メール係の名前で、「志位氏の意見はわが党の方針そのものである」との趣旨が書いてありました。私は二八回党大会決定の「前衛」を取り出し、メール係なる組織を調べました。日本共産党の機構に言葉を含めて書かれていませんでした。しかも送られてきたメールは最初の書き方出しは「メール係」と書かれていたのに、文書の結びには「質問回答係」と書かれた杜撰な物でした。

そこで私は、その送られてきたメールに「志位委員長に代わって返事をするなら党の機構図にもないメール係ではなく書記局などの責任が明確な組織が回答すべきである」「これでは志位氏の私の意見書への回答とは認められない」と書くと同時に「わが党が入った政権では自衛隊は合憲とするという政権は、自衛隊は合憲であるとする政党との連合政権ですか」（その時点で公然と自衛隊を合憲としていたのは自民党、公明党、維新である）という質問を送りました。すると「そうです」という返事が来ました。そこで私は再度、そのメールに次のような追加意見を送ったのです。

「志位氏ら幹部に次のような手紙を再度送りますが良いですか」「志位和夫委員長様、貴方に代わってと読めるメールが届きましたが、確かめようがありません。責任ある組織名で返事をすべきです」「連合政権は自衛隊を合憲とする政党と政権を担うとする答えが来ましたが、本当ですか。これを広く社会に明らかにしてもいいですか」

こういう文書を志位氏らに送りますが良いですかと意見を送ったが返事はなかったのです。

私は、この件については社会的配慮して公表して来ませんでした。しかしあなた方が事実を歪めて、〝鈴木は、中央に意見をあげたが回答がないなどと言っている〟と述べているので、経過の詳細を明らかにしました。私は今でも、これではまともに回答したとは思えませんがどうですか。これに対してあなた方は「鈴木は、質問に対して回答しているにもかかわらず、回答していないなどと嘘を言っている」などと言ったりしませんね。それを行えば恥の上塗りになりますよ。

それより、なにより重要なことは、私と中央のやり取りの後、参議院選挙本番では、志位委員長をはじめとする党幹部の誰一人として、合憲論どころか活用論も述べず平和外交論一本やりになりました。つまり合憲論は参議院選挙時点で言うべき政策ではなかったのです。だから私は拙著『志位委員長への手紙』で志位委員長らに政権論の枠内で、自衛隊合憲論など思い付きで語ってほしくないと記したのです。この一連のやり取りについて私は間違っていますか。

5、処分の結論をめぐって

以上の点で、党規約にもとづいて、誤りを認め、反省を求めます。

私の「処分」問題は党内部での検討課題であるにもかかわらず、志位委員長や小池書記局長は何度も記者会見の場で「鈴木の処分は検討中」であるとの趣旨の発言を行い、すでに社会問題になっています。マスコミから私に「処分はどうなりましたか」「呼び出しはありましたか、あれば教えてください」などの取材を受けています。私はあなた方と違って「現時点では党内問題であり、一切お答えすることは出来ませんと」と節度を守った対応をしています。

私は、統一地方選挙での共産党の躍進を願っています。その選挙の直前で松竹氏に続いて私まで処分するのは止めておいた方がいいと思います。松竹氏への乱暴な除名処分、それに苦言を呈したマスコミにたいして「悪意の報道」などと攻撃し、挙句は「反共攻撃」などとする主張を「赤旗」に掲載し演説会で語り国民的に党の威信を深く傷つけています。今では「赤旗」紙上では、松竹氏の名を出さず、元党員などと表現しています。そんな時に私を処分すればマスコミから再び批判され、統一地方選挙は重大な困難に陥る危険があります。

ここで二つ確認・質問しておきたいことがあります。

一つは、この『志位和夫委員長への手』に書いたことの大半は一年前に出版した『ポスト資本主のためにマルクスを乗り越える』（かもがわ出版）で書いています。任期制・定年制そして全党員が参加した党首公選制、不破哲三氏のマルクス主義理解批判、宮本・不破氏等の「民主集中制」批判など……。しかしその時、党中央を含めてあなた方は批判しませんでした。それから一年もたって『志位和夫委員長への手紙』で同じことを書いているのに、党規約違反と批判しだしたのはなぜですか。変わったのはあなた方であり、私ではありません。

もう一つは、私を批判する論点と松竹氏を批判した論点はほぼ重なっています。なのになぜ同じ時期に処分せず今頃なって私を問題にするのですか。インターネット上では、なぜ松竹氏は処分されたのに、鈴木氏は処分されないのかとの疑問が流れています。処分の時期をずらした根拠を明らかにしてください。

さて上記したように私とあなた方との間に、多く点で意見の相違があります。しかし私を処分すべきではありません。内部的に協議し一致点を見出す努力をすべきです。あなた方がそういう態度を取られるなら、一定の結論が出るまで私は選挙中にフェイスブックなどで、この問題を書いたりしません。あなた方と継続討議ができるなら、私は喜んで応じます。若いあなた方から謙虚に学ぶことはやぶさかではなく、私の見解を変えることもありえることです。問題は現在の党の危機を共有することです。共産党は一九八〇年の第一五回大会以降四三年間も党勢が後退し続けているのです。党員は半分、「赤旗」読者に至っては四分の一に減りました。その原因を深くほり下げ、現代社会にあった活動方向を探し出さなければならないのです。私の改革提案は一つの試論であって固執しません。同時に今のままを続ければ共産党は、国政レベルでは取るに足りない勢力になっていく危険があります。若いあなた方が共産党の衰退と共に歩まれることを見ることは、あなた方の先輩として耐えがたいのです。私を急いで乱暴に処分し、社会的な批判を浴び統一地方選挙で後退し「松竹・鈴木問題を利用した反共攻撃と、それを押し返す点で、前回党勢力を回復出来なかったので後退した」などという総括文書をお書きになるような、みじめなことは止めておき、私との話し合いを継続しませんか。よく考えてください。

なお統一地方選挙で共産党や立憲民主党が後退し、政権与党である自民党・公明党が議席を維持し、さらに増やしたりした場合、統一地方選挙後一気に衆議院の総選挙になる可能性があります。地方議員選挙では議員の日常的取り組みが大きく反映し、必ずしも党の支持がそのまま地方議員の議席に比例するわけではありません。しかし衆院選では党の支持率がそのまま議席に反映します。統一地方選挙で後退した直後の衆院選では、共産党はさらに後退する危険があります。皆さん方は、その闘いも見据えて、この問題への対応を考えておられますか。政治闘争というものはそう言うものなのです。

この老党員の意見を聞き入れず処分を強行された場合は、残念ながら私はマスコミなどにたいして、この文書の公表を含めて社会的批判を展開せざるを得ないと思っています。そのようなことは避けるようにしてください。ただし私はそのような事態になっても反共主義者にはなりませんし、引き続き平和と民主主義・生活向上と日本の独立ために共産党と行動を共にしていくつもりです。よろしくお願いします。

（注、お断り）現在、私はベトナム支援を含め期日が決まった仕事に追われています。あなた方の長文の問いただしの文書への回答を書く時間の確保は容易ではなく、仕事の合間を縫って一気書きました。したがって十分な校正時間は確保できず、誤字・脱字があるかもしれませんが、ご容赦ください。

第三章

除名直後の記者会見でのやりとり

三月一六日、友人と外で夕食を取っていた。その時、携帯電話に共産党京都府委員会の組織部長から電話がかかってきた。「鈴木さんの除名処分が中央委員会で承認されましたので処分文書をお届けします」とのことであった。午後八時頃自宅へ帰ると郵便受けに封筒にいれたA4の大きさの除名処分をつげるペーパー（「鈴木元に対する除名処分通知」巻末資料）が入っていた。

私は「こういうことは、直ぐに対応する必要がある」と考え、あくる一七日に東京で記者会見することにした。手元にある五大紙＋NHKをはじめ京都新聞などの地方紙などマスコミ二七社にメールで「一七日午後東京で記者会見を行います。場所と時間は決まり次第改めてご連絡します」と発信した。続いて東京の知り合いに「どこか会場を抑えてほしい」と依頼した。結論は一七日午後二時から新聞記者クラブ近くの貸会議場で開催することになった。

1、マスコミ各社に送った文章

三月一六日夜、外出先での夕食中、私の携帯電話に京都府委員会から電話があり「鈴木さんの除名処分が決まりましたので文書を自宅に届けます」との連絡が入った。帰宅して郵便受けを見ると、日本共産党京都府員会常任委員会の名において「鈴木元氏の除名処分について」という文書が届いていた。

除名の理由は主として私の本を巡っての問題である。つまり私の本が「事実無根の党攻撃を書き連ねています」と言う主張と、出版を巡って松竹伸幸氏と「党攻撃の分派活動の一翼をになった」というものである。

昨年（二〇二二年）末から今年（二〇二三年）の二月にかけて共産党にかかわって四冊の本が出版された。いずれも反共でも財界をスポーンサーとした共産党を陥れる類の本ではない。反動化する日本の政治状況下、共産党がこれ以上後退しないように、その改革を願った本である。その著者の一人である私・鈴木元を松竹伸幸氏に続いて除名処分をしたのである。私は強く抗議するとともに、その撤回を求める。またこの除名処分は統一地方選挙を前に国民から強い批判を受け、選挙で共産党は新たな後退の危険を自らもたらすことになるだろう。志位和夫幹部会委員長をはじめとする党指導部は、このような判断を行った責任が問われなくてはならない。

私は高校三年生の一八歳の時に入党した党歴六〇年の古参党員であり、拙著『志位和夫委員長への手紙』で書いていているように様々な闘いを行なってきた。その経験から共産党の新生のための具体的提案を行った。しかしそれに対する答えは乱暴で拙速な除名処分である。到底許されないので急遽東京で記者会見を行うことにした。

志位委員長や小池書記局長は、調査も処分もされていない党員である私にたいして、公開された記者会見において「鈴木なにがしの処分は検討中」などと党内問題を乱暴に党外で語るなど明らかに規約違反の言動を行ってきた。しかし私は、三月九日の「規律違反の調査」のための会議の出席、続く三月一五日に処分を決定するための京都府委員会常任委員会に出席し、処分は間違いであるとの反論を行ったが、一切明らかにしてこなかった。誰が規約に違反し、誰が規約を守ってきたかは、この経過でも明らかである。

そして昨日一六日、志位氏の記者会見（鈴木の処分は検討中と発言）の後に府委員会名で除名処分決定の文書が届けられた。処分は決定した組織の一級上級が承認して確定する。松竹氏の場合、京都南地区常任委員会が決定し京都府委員会常任委員会が承認し、中央へ報告した。しかし私の場合は京都府委員会（実際は常任委員会）が決定し、一級上級の中央委員会が承認しなければならない。つまり党中央委員会が直接に責任を問われる問題なのである。

ところが私の除名処分文書（一七日付「赤旗」の四面の左下に掲載）では「京都府委員会常任委員会は三月一五日、鈴木元氏の除名処分を決定し、一六日中央委員会が承認し確定しました」と書かれている。中央委員会とは何を指しているのかという問題がある。まさか中央委員会総会を開催して承認したわけではないだろう。通常は良くないが常任幹部会が中央委員会を代行している。ところがこの文書には常任幹部会と言う名前はない。常任幹部会は月曜日に定期的に開催されている。そこで私は二〇日の月曜日に常任幹部会が承認決定し、二一日の「赤旗」で発表するのだろうと予測していた。しかし「一六日に承認確定した」と書いてある。臨時の常任幹部会が開催された気配はない。それでは中央委員会とは何を指しているのであろうかを明らかにする責任がある。

私の周りでは規律委員会ではないかという人がいた。たしかに規約第二六条に中央委員会は規律委員会を任命するとある。規律委員会は、次のことをする。（一）党員の規律違反について調査し、審査する。（二）除名その他の処分についての各級機関の決定に対する党員の訴えを審査する、と書かれている。もしも規律委員会が私の除名処分を承認したのであれば、そう明記すればいいが書かれていない。また志位委員長や小池書記局長は度々「鈴木なにがしの処分は検討されている」と発言してきたが、今回の除名処分について一切の言及がない。自分たちは係わっていない、規律委員会が決めたことだと言うのだろうか。

いずれにしても私は、九日の私への調査も、一五日の除名処分決定のための府委員会常任委員会に出席し反論したことも、党内問題と考え明らかにして来なかった。しかし除名処分が三月一七日付「赤旗」で発表されたのだから、私の反論を含めて社会的に明らかにするため記者会見を開くことにした。よろしくお願いいたします。

以上

2、記者会見冒頭での私の発言

〈記者会見には私が案内した五大紙＋ＮＨＫそして京都新聞をはじめとする地方紙、それに各種の雑誌社等合計二七社に参加していただいた。記者会見では最初、三〇分ばかり私がいくつか報告し、その後一時間ばかり質疑応答をおこなった。冒頭の発言は、順序や表現は異なるが、大半は第一章、第二章で述べたことと重なるので重なる点は省略した。〉

最初に明確にしておかなければならないことがあります。この間、志位氏とか小池氏は記者会見において、「鈴木氏の処分を検討中である」という風に表明したが、私はまだ処分どころか調査さえ行われていない党員でした。調査するというのは、党内問題です。その党内問題を記者会見で「処分を検討中だ」というようなことを喋ることは、明らかに党内問題を党外に出したのです。

私は九日に調査を受け、一五日に府委員会の常任委員会にも参加したけれども、それは一切口外していません。いくつかのマスコミから、私に問い合わせがありました。「処分はどうなりましたか」とか「呼び出しを受けましたか」などです。それに対して私は、「いや、現時点では、それは党内問題だからあなた方に言えない」と言って、全て断ってきました。

一体誰が規約を尊重し、誰が規約をないがしろにしているのか、私は問いただしたいという思いです。

次に私の本については先程書きましたように、一八歳で入党して以来、いろんなことをしてきました。それは本の中に書いています。そういう実感から共産党は今改革しないと大変だということで書いています。それをご理解いただきたい。

今お手元に二月九日付けの文書をお配りしました。松竹氏を除名した時に、私は不同意だし良くないいんじゃないかということで、河合南地区委員会委員長と、それを承認した渡辺京都府委員会委員長、その報告受けた志位幹部会委員長この三者宛てに文書を出しました。

これは時間の都合上、後で読んでください。

九日に京都府委員会から「規律違反の処分のために調査をしたい」ということで、私が呼び出されて、会いました。その時に私に問いただした内容が、この一五日、京都府委員会常任委員会での発言の中のゴシックで書いている分です。

ところが、九日の日は、これを私には文書で出しませんでした。この黒字に書いてある文を立ち上がって、早口で読み上げました。これだけの量のものを早口で読み上げられて、いっぺんに頭の中に入らないですよ。私は交通事故で右手が不自由です。だから、早く速記のように書けないので、途中でやめました。終わった時に、副委員長の寺田氏が、「今読み上げた文書について、あなたは認めて反省をしますか。それとも拒否しますか」と私に問いました。

私は「今あなた方はこれだけの文章を早口で読み上げて、それで即全面的に支持するか不同意かと問うこと自体が問題だ」「まず、あなた方が今読み上げた文書を私にください。そうしたら私は丁寧に文書で回答します」「その文書をあなた方が見たうえで二回目の調査委員会をしようじゃないか」「そこでいくら議論になっても構わない」。そう言うと「いや文書を渡すか渡さないかは、ここでは回答できないので、持って帰って相談します」との返事があり、私は「文書がなかったら回答文書も書けない」というやり取りをしましたが、結局、やり取りで終わりました。私は、参加していた組織部長の携帯電話番号を知っていましたから、後日「先日話しましたが、あの文書はいつになったらくれますか」「くれなかったら、二回目の会議やっても同じことなりますよ」というやり取りをして、結論的に言うと一三日にこの黒字部分を私にメールで送ってきました。

そこでこの黒字部分に対する私の意見をまとめ一五日の日、一五日というのは処分を言い渡す日でした。私は「これは一体何の会議ですか？　調査のための二回目の会議なのか、それとも処分を言い渡して弁明を与える場所なのか？」と聞くと「処分を言い渡すにあたっての弁明をさせる場です」と回答しました。だから一五日には彼らは処分することを決めていて、私に喋らせるだけ喋らせるという会議だったのです。

そこで私は、彼らがゴシックで書いた部分に対して、私の回答を書いて、それを読み上げました。しかし全部読み上げていたら時間かかりますから、趣旨を読み上げました。

それで後に言いますが、多少のやり取りをして「お引き取りを願います」「後は我々で決めますから」ということになって、結果的には一五日は四五分ぐらいで終わりました。

九日は三〇分ぐらいで終わりましたが、中身なしで、文書を出す出さないで終わっていました。したがって党規約で定めている除名にあたっては慎重にやらなければならない、丁寧にやらなければならない、本人に弁明の機会を与えなければならならないということが非常にないがしろにされて行われたと思っています。

3、記者会見での質疑応答

記者：昨日、私、松竹さんからメールをもらって、中央委員会が鈴木さんの除名を決定したという連絡だったんです。それで私、志位さんの記者会見で質問したのですが「中央は承認したとか、そういう問題じゃなくて京都府委員会の問題だ」を繰り返していました。あくまで京都府委員会だと。松竹さんの時は南地区委員会の問題だって言っていたのと同じです。配られた府委員会とのやり取りの文書を読みますと、これは中央主導でやったものだと思いますが、そうですね。「これは地方組織の『自治』を決めた党規約一七条違反ではないか」っていうことがツイッターの上で言われております。つまり中央の地方委員会に対する越権行為ではないかという解釈が成り立つかもしれないと思うんですが、いかがでしょうか。

鈴木：中央が主導したかどうかは、推測の域を出ないんですね。しかしはっきりしていることは、松竹氏の場合は地区委員会が決めて、府委員会が承認して、中央は報告を受けたという形式論を述べていました。今度はそうは行かないんです。府委員会が決めて、中央が承認した。だから「中央が承認をした」という明確な責任が伴います。

そして松竹氏の処分の文書の中で「鈴木の共産党を乱暴に攻撃を綴った本」ということを書いています。

南地区委員会常任委員の人々が私の本を読んでそのような作為的文書を書けるかです。私は、松竹氏の処分決定の後、南地区委員会について調べてみました。常勤の常任委員は河合委員長だけで、二人の副委員長は府会議員と市会議員。後の四人の常任委員は年金生活者の嘱託です。その人らが私の本を読み調べ、先に記したような作為的に党攻撃の本だと断定して、それを根拠に松竹氏がそれを知りながら出版を進めたから分派を構成したなどと書くと到底思えないんですよ。

南地区委員会が、この間、松竹問題と党勢拡大のための地区の活動者会議を開きました。その時、河合地区委員長は、処分理由を「処分文書」を引用して喋るだけでした。だから聞いている人は「あっ！これはこの人の言葉じゃないな」と感じざるを得なかったというところに象徴的に表れています。また私の場合も志位委員長や小池書記局長が何回も「今、府委員会で検討していると聞いている」と発言しています。中央が主導して行ったことは各種の状況から推察されますが断定的な証拠があるわけではありません。皆さんからの情報に期待しています。

記者：そうすると志位委員長の責任は多分にあると。

鈴木：はい。

記者：規約一七条違反とは思いませんか。

鈴木：さっき言いましたように、中央が主導したのだろうと推測しますが、断定的証拠がありませんから、私としては規約一七条違反との断定的発言は差し控えます。

記者：そこはちょっとね、わかりました。

記者：除名処分ということで、この処分に対して、それをどのように受け止めているか。今後この処分について党側に何か働きかけるお考えあるかどうか伺わせてください。

鈴木：私は除名される筋合いはない。だから強く抗議しますし、撤回を求めます。国民からも強い批判を受けるだろうと言います。それでは私が、例えば松竹氏のように来年の党大会に向けて再審請求をするかどうかは今の段階では言えません。

記者：撤回を求めるっていうのは、何かまた文書であったり、そういう働きを鈴木さん側からされるということですか？

鈴木：今日もそうですが、今後文書でも「撤回を求める」ということは言いますし、書きます。私は今まで党内問題として黙っていましたが。志位氏や小池氏は散々喋って来ました。私は調査を受けていることも、私がそういう会議に出ていることも一切言ってこなかった。私は規約を守った。けれど、昨日で違うことになりました。彼らは私を除名し表に出しました。

私自身は彼らから言えば党にいません。何と共産党を批判しようが、分派でもなんでもないです。規約違反でもなんでもない一市民としてものを言うわけですから、ある人が私の除名のことを「共産党は、虎を野に放った」語っていました。

記者：関連で、今、除名される筋合いはないって言われましたが、その理由を簡潔に教えてください。根拠というか、理由というか。

鈴木：私の書いていることは全部事実です。京都府委員会でやりとりしても私の提起している事実を否定できない。だから例えば、漫画のような話ですけれど、私が、志位氏らの行動は旧陸軍大学や海軍大学を卒業した参謀たちの、現場を無視した主観主義的な方針と変わらないという風に批判しているところをとって、彼らは「個人攻撃だ」と抗弁しました。それで私が、二〇二二年の特別期間五か月間を通じて部数増にはならなかった。それにもかかわらず、一二月二日の「赤旗」で志位氏は「目標達成のために一支部が日刊紙を一部、日曜版を九部やれば達成できます」と主張しました。それだと一二月に日刊紙一万八〇〇〇部、日曜版九万部を拡大しなくてはならない。一一月にわずか日刊紙一〇〇部余り、日曜版二〇〇部余りしか拡大できなかった。つまり一県あたりにすれば二部と四部しかできていない状況ですよ、それを一二月に一万八〇〇〇部と九万部を拡大しようと提起している。一支部あたりに割り算をすればできるんだと。そんなことはあなた方どう考えますか、これでは旧陸軍や海軍の失敗と一緒じゃないですか。反論するなら反論してみてください。実際に一二月になったらどうなったか。やっぱり一〇〇部二〇〇部の単位しかできなかったじゃないですか。これには誰も反論できなかった。私がそれを主張することは党規約違反でもなんでもない。「赤旗」で書いている事実を事実として私は指摘しています。

記者：著書の中で志位委員長の辞任や党首公選制の必要性を訴えておられるが、その考えに変わりはないか、まず教えください。

鈴木：ますますそう思います。

二二年間、党の委員長やって、党員が半分になり、「赤旗」が四分の一になっている。だから私は、責任を取って、辞めるべきだと主張しています。志位氏は松竹氏を相手にして、興奮し、攻撃し、そのことによって、大きな社会的批判を受けるということになって、わずか一か月間ほどで、共産党の社会的地位を大きくイメージダウンさせてしまった。

今度は私まで除名にする。志位氏は党を混乱させているだけです。だから、私は、志位氏は委員長を辞めて、党首公選制を導入すべきだとますます確信を持っています。

ただ言っておきますが、私は共産党が党首公選制を採用したらすぐに人気が回復するとは思っていません。よその党はもう全部やっていることなんです。遅きに失しています。共産党が一番最初に党首公選をやっておれば、それは民主主義を標榜する政党として社会的に評価され人気が上がったでしょう。

でも今は、自民党も維新の会も行っている。共産党と公明党だけはやってないという時に、これを共産党が採用したら「遅いね」と言われるだけであって、別にそれで支持が増えるとは思っていません。ただし党内は活性化すると思います。党首公選制は党が生き返ってくる一つの要素にはなると思っています。

記者：松竹さんと鈴木さんを相次いで除名をしたが、統一地方選への影響をどう考えていますか。

鈴木：これは、有権者が決めることで、私が断定的にいうことじゃないと思います。しかし、少なくとも松竹問題を通じて共産党のイメージがダウンしたことは事実です。そしてようやく松竹氏の名前を消して、「元党員」とか書いている時に、私を除名すると、皆さん方も当然、客観的報道として「共産党、再び異論封じの除名」と書くことになれば、国民は「共産党は、反省するどころか、ますますそういうことをするのだ」になってしまって、一層、共産党は支持を失うことになると思います。浮動票的な人々、あるときは共産党、またあるときには社民党に入れているような人々、こういう人たちが共産党に票を入れることにためらうのは間違いないです。

記者：統一地方選で京都も影響を受けることになると思うんですけれども、その影響が出た場合、どういう風に思われますか。

鈴木：私は今、現職で府委員会に座っているわけではないですから、京都の全選挙区を全部、分析しているわけでもないし、別の仕事をしています。だけども、前回最下位で当選したところや、前回無投票で当選したけど今度は選挙になったとか、こういうところは相当厳しいと思います。

全国で二四〇〇名強の議員数ですが、七中総の段階で二五〇名ぐらい候補者は決まっていません。あと一〇〇名ぐらいは決まると思います。だけど少なくとも数十名は決まらないまま選挙に入る危険性があります。だからおそらく戦う前に、告示になった段階で、戦わずして数十名は減ると推測されます。そこに今言った、前回再下位当選した人とか、前回無投票当選で今回は選挙になったとか、そういう選挙区・候補者、そういう点で、ある程度まとまった数の減員に多分なると思います。

しかし地方議員選挙は衆議院選挙や参議院選挙のように比例を軸にした選挙とは違います。あくまでも地方議員の人がどれだけ、自分の地域で根を張っているかということですから「半分に減る」というようなことはないと思いますが、しかし相当まとまった数は減る危険性があるとは思います。

記者：今回の鈴木さんに対する処分についてご自身の周辺や党内から聞こえる声はありますか。

鈴木：一概には言えないと思います。今、共産党に残って頑張っている人は、六〇年代、七〇年代に入って年齢的には六〇代、七〇代になっている人々が中心です。党とともに人生を歩んできた人々です。疑問を持った人はとっくにもうやめています。だから、残っている相当な人は、何があっても、「中央委員会は正しい」という風に思う傾向が強い人たちです。「松竹みたいに党内で言いもせんと、党外で言うたやつを除名するのは当然や」という風に思って不思議でないと思うんですよ。

だから、そういう人はおそらく、今度私が除名されたら「まあ、鈴木も同じようなもんや」という風に思う人も結構いると思います。

だけど、党員の二割とか三割で党費も納めず、会議も出席せず、「赤旗」も読んでないような人々の中で言うと、「えっ?まだやるの?」という感覚の人が多いと思います。松竹氏の言っていることや、私が言っていることを知った上で、どうこうじゃなくて「選挙の前に、こんなことして、選挙になるのだろうか」という疑問、これは相当出ると思いますよ。口に出すかどうか別ですが、足は止まりますよ。

今後、統一地方選挙のビラは表面に、候補者のことを書いて、裏面で「松竹・鈴木問題」というビラを党員や党の支持者がまく気になるかどうかです。

党員ではないけれども共産党に協力して「赤旗」を配ったり、ビラをまいたりしている人はたくさんいます。そういう人は「私は地区委員会に言ってきました。私は、共産党に協力してきたが、もう金輪際きみたちのためのビラまきは協力しない」という風に言うてる人は何人もいます。おそらくこの統一地方選挙を終わる頃には、ビラまきとか「赤旗」の配達があちこちで困難になる事態が起こると思います。

私の住んでいるところもそうですが、団地ではそれぞれの階の端に階段があって廊下を歩きながらビラまくところはまだいいんです。しかし真ん中に階段があって、両側の家に配って、階段を降りてまた上がるところは七〇代後半になると厳しいです。先日ある後援会の幹部と話していた時、「鈴木さん、今度の参議院選挙が最後と思いました。次の参議院選挙の時は今回のような活動は多分できなくなってると思う」と語られました。三年経てば、その分、歳が行くわけですから。今回のようなビラまきはできなくなります。厳しいです。

記者：ご自身の耳にも声として今の中央の状況ではとてもじゃないが協力できない、支持できないということは届いていますか。

鈴木：協力できないという人がいます。そういう人から私に電話かかってきたり、メール送ってきた人がいます。

記者：お伺いしたいことは、鈴木さんはもう七八歳。今回の査問の中で「後輩」とおっしゃったけど、二〇代、三〇代、四〇代とか、若い党員の人もこの議論に加わっていますか。老人ばかりの委員会でやってるとしか、この文章を見る限りですね、私は思うんですけど。

鈴木：私は党費をおさめるために府委員会を定期的に訪ねてきました。あなたが言われるように、定年退職者が嘱託で財政部とか組織部にいます。

ところが五階の大会議室に上がって、一九名の常任委員のうち一人は体調崩して来れていない、もう一人は議会で来れていないということで一七人がいました。一七人を見渡しました。驚きました。僕の友達の子供がたくさんいました。穀田恵二氏の子供もそうです。ほかにも私の知っている人の子供、私は大阪出身ですが、大阪の私の友達の子供もいました。言うたら「二世常任委員」です。さすがに私も驚きました。「あー、この人らが、選挙とか、拡大を指導するのは無理だ」と思いました。

現場の支部で何年も支部長を行い実績がある人が地区委員会の専従になって実績をあげ鍛えられて府委員会の専従をやっているタイプと違う。こういう人々では無理だと思いました。

記者：上層部のいわゆる世襲化、固定化が進んでいるっていうお話ですね。それで私がお伺いしたいのは、鈴木さんの主張が外から見て一番納得できましてね、やっぱり党勢がこの三〇年間に半減しましたね。それぐらいになってるけど、上層部が責任を取らない、保身に走っている。これ、どんな日本の組織でもそれで滅びた組織って山のようにあるんですよね。そこはみんな共感するんですよ。でも、それを変えるためにはね、さっき「新生」と言っておられたけれど、二〇代、三〇代、四〇代の若い人、あえて言いますけど、やっぱり世代交代するぐらいじゃなきゃ、この組織はもう終わってると思います。今はもう老人の老人による老人のための組織になってることが問題だと思います、私は党大会の時の質問でも、志位さん本人に「なんで定年制を入れないんですか」って質問したことあります。この組織に一番必要なのは私は公選制よりまず定年制、やっぱり世代交代を進める、そういうことをインプットしない限り、正直言ってもう七八歳の鈴木さんや、六七歳の松竹さんじゃなくてね二〇代、三〇代の人が出てこない限り、ダメだと思います。本当はそういうことをおっしゃりたいんじゃないんですか？

鈴木：そうですよ。

記者：世の中から見たら公選制かどうだってあんまり関心ないと思います。

鈴木：そうかもしれません。私は人類の知恵として定年制・任期制・選挙制をセットで提起しています。中国共産党でさえそうしてきました。党首は党大会で全代議員の投票で選ばれていますし、中央委員選挙では定数よりたくさんの名簿が提出され投票数の多い順から中央委員に選ばれています。その点では日本共産党は中国共産党以下の党運営です。

記者：なぜこの組織だけこれほど高齢化して、浜野さんは九〇いくつだし、不破さんはもっと上だし、そこがもう病巣でね、老人病なんですよ。その辺りの方が私は説得力があると思うんですけど、どうなんでしょうか。この老人社会とか、世襲とかね、その辺りのところは、この組織がおかしくなってる本質じゃないでしょうか。そういう病気にかかってる組織としか私には見えないんです。

鈴木：私は、こういう多階層制の社会では、年金者党があってもいいし、それから老人党があってもいいと思います。だけど、今言われたように、共産党自身が客観的に見れば、老人党、年金者党です。客観的に言えばそうです。そこを脱皮せず、現在の組織運営を続けている限り、若者は近づかないし、一旦近づいてもやめていきます。党首さえも選挙で選ばない。地区党会議に参加すれば、地区委員選挙には地区委員会が推薦した人しかいない、事実上誰も立候補しない。そんなのを見れば、いくら「リスペクト」とか色々言っても肌に合わず、一旦入って覗いてみたら全然自分に合う組織じゃないということが分かり、入ってもやめていくという実態です。そこを変えなければ入ってこないし、入ってもやめちゃうと。若者を入れようということよりも、私は組織を変えないと若者は入らないし入ってもやめてしまうと思います。

記者：私は個人的には、もう日本の大きなメディアはどうなんだろうと思うことが多いから、「赤旗」のようにハングリー精神で若い人がやってますよね。共産党には本当はがんばって欲しいんですよ。

鈴木：そうです。

記者：もう、あまりにもね、老人のための組織になってるから、それが、ことの本質だと思ってるんですけどね。

記者：大きな処分理由の一つが分派活動の一翼をになったということになっている。松竹さんと鈴木さんはどういう接点があって、書籍の刊行に至るまで、どういうことがあったんでしょうか。

鈴木：松竹氏は学生時代に全学連委員長をしていました。その当時、全学連大会の会場確保の問題などで立命館大学に来たことがあります。彼が中央委員会を辞めた時、私は立命館の幹部をしていました。そういうこともあって彼が、私に就職を紹介してくれないかと相談に来ました。共産党の専従職員を辞めて就職するのは大変難しいのです。一般企業だけではなく、いわゆる共産党系のところも煙たがられます。私も元共産党の専従職員をしていましたから、その辺の事情は判りますから、彼の前にも何人かを色々なところに紹介したことがあります。私は「なかなか難しいね。一旦は私が取締役をやっているかもがわ出版に来ないか。そこで編集の仕事をしながら社会に注目される自分自身の本を出すなど実績を上げれば世の中に出ていけるから」と話し、かもがわ出版に紹介したというのが、私と松竹氏の出会いです。しかし私も忙しくしてきたから個人的にはほとんど付き合いはありません。

そういう接点があったので私の本を何冊か彼に編集してもらったことがあります。だけども内容的には全く、松竹氏が私に「ここをこうしたらいいんですよ」とか、そういうことは一切ありません。

今度の本もそうです。ここに書いているように私が企画して作ったのであって、松竹氏は純粋に編集者としての仕事だけです。だから、会ったのは一回だけです。私は、交通事故で、ちょっと右手が不自由なんで、私の字が読みにくいのですよ。それで喫茶店で会って、「ここはこう読んで」とか指示するために一時間程会っただけで、後にも先にも、今度の本で会ったのはその一回だけです。だから分派なんてとんでもありません。

私は、ここで書いていますが、共産党の規約の中で「分派・派閥は許さない」と書いてありますが分派・派閥とは何かという規定はありません。他の党の場合、例えば自民党の中での派閥は「憲法改正の先頭に立つ」とか、そういう自分たちの派閥の目標を明確にしている。誰が派閥員かと言うことも、お互い名乗っている「私は〇〇派や」と名乗っています。そしてその目標を達成するために、継続的に活動している。ある場合に機関紙も出しています。他の党も全部そうですよ。

私は、そういう派閥を共産党の中に作るべきではないと考えているし公言してきました。そういうことをやるんだったら共産党を出て、新しい党を作ったら良いという考え方です。私と松竹氏との間でそんな分派・派閥的な関係は全くありません。

共産党で言えば、一九六四年、共産党が反対していた部分核実験停止条約に衆議院議員の志賀義雄と参議院議員の鈴木一蔵が国会で賛成し「日本の声」という組織を旗揚げしました。これは明らかに分派的・派閥的行動でした。それ以降に日本共産党で明確な政治集団を作ってやったことはないと思います。私と松竹氏は全くそんなことはありません。

記者：鈴木さんは『志位委員長への手紙』の中で改革の提案をされたとおっしゃったが、共産党側はそれを攻撃という風に捉えています。攻撃とは悪意があることだと思うが、鈴木さんに悪意があって本を書いたのか。それともし齟齬があるとすればどういうことからこれを「攻撃」と捉えたと思いますか。

鈴木：彼らの質問事項を見たらわかりますが、私の改革について一言も反論していません。私が『志位委員長への手紙』の最後の章で、共産党はこういう改革すべきだと書いている内容について批判的論拠はまったくないです。非常に作為的に取り出して書いて「共産党を誹謗中傷している」と書いています。しかし読めばわかりますけども私の改革提起については彼らは何も批判していないし触れていないというのが実態です。

私が共産党を陥めるためとか、共産党を攻撃するためとか、そういうことがないことは、最終章で書いている改革提案を見れば分かることとです。

例えば、中央委員や地区委員は半分は女性にすべきとか、大会の代議員とか役員は、党からお金をもらってる専従は半分以下とか三分の一以下にすべきとか、そういうことを書いています。それは私はごく自然なことと思って書いています。それについては一切、彼らは批判・反論はしていません。

記者：松竹さんが鈴木さんと同時期に出版のタイミングが重なったことに、接点は全くなく、分派的な動きをしたことは全くないと言っておられたが、結果的にほぼ同じ時期に出版したことについてはどう説明されますか。

鈴木：私と松竹氏の本を同じ頃に出版したという話ですけれど、さっき言いましたように、この時期に四冊出ています。四冊はみんな共産党攻撃じゃなくて、共産党が今の状態を打開するためには、こういう改革が必要ですよという本です。

ということは、党員や党の支持者、党とともに行動してきた多くの人が現在の共産党の危機を感じて、その打開のためにはこういうことが必要だということが、一つの世論として存在しているということだと思います。

四つの本はお互いに関係なしに出ています。だけれども同じ時期に出た。それはやはり二〇二一年の衆議院選挙、続く二〇二二年の参議院選挙、この二回の国政選挙で共産党が連続的に大きく後退し、このまま次の選挙になれば、もう、国政レベルでは、共産党は取るに足らない勢力になってしまうのではないかという危機意識、そこを、皆さんが共有したというのが実態だと思うのです。

それで、かもがわ出版の社長が、南地区委員会に抗議に行っています。どういう抗議かというと、「この出版不況の時に、販売を促進しようとしたら、同じ時期に同じテーマの本を出した方が売れやすい。そういう工夫をした社員・編集者は褒められこそすれ、批判される筋合いはない。我々、出版社を営業してる人間、経営してる人間からしたらそう考える。あなた方の『同じ時期に同じテーマの本を出版したのはけしからん』というような批判は全く認められない。むしろ逆に我々の方が抗議しますというのが、出版社の立場です」ということで、南地区委員会に抗議に行っています。しかも、「その編集者と執筆者を『分派』というようなことは到底認められない」というものです。。

記者：要は本を出したことで、いきなり除名ということなので、自ずから出版の自由とかに関わってくると思う。「攻撃」っていう言葉を使われてるんですけども、本を出すってことは何らかの波紋を外形的にも心の中にも相手に与えることが目標なので、なんでも「攻撃的」にしてしまうのは危険だなっていう風に思うんですけれども。中北浩爾さん（当時、一橋大学）の本が最初に出た時に、名指しはしないまでも「学問学術の体裁を取った攻撃」というような言い方を確かされていたと思うんですけれども、結構この間メディアの方が「攻撃っていうのはどういうことか」と質問してる時、「除名がいきなりというのはちょっと違和感がある」といったときに、松竹さんの場合は、最初に「赤旗」で警告を出したと志位さんが言った。「しかし彼は反省しなかったので」というような言い方をされた。鈴木さんの場合に警告に当たるようなことは何だと思いますか。

鈴木：結論的にいうと「ない」です。だから、あなたが言われたようにね、日本共産党は二〇二二年七月一五日が一〇〇周年です。その前後に大手新聞社は全て紙面の四分の三ぐらい取って、それぞれ新聞社なりに、「共産党一〇〇年」というのを書きました。その時期に中北氏の本と佐藤優氏の本も出ました。

私が不思議に思ったのは、それにたいして赤旗の紙面を含めて共産党が全然論評しなかったことです。かろうじて、言われたように中北氏のことについてほんの一行、著者も明らかにせず「学術書を装った共産党攻撃」みたいなことをちょろっと書いたけれども、基本的にはありませんでした。

私は、自分への評価に敏感な共産党が、これだけたくさん記事が出ているのに、それについてのコメントや論評もないということは、昔風な言葉で言えば、思想的武装解除が起こっているという風にフェイスブックで論評したことがあります。

ところが松竹氏の本に対しては「赤旗」紙面で批判しだしました。言われた松竹氏への警告というのは「藤田論文」ですね。「これは綱領規約違反だ」と書きました。私はあれを見て「藤田論文」批判をフェイスブックで書きました。

だけど「藤田論文」は世論的に言うとものすごく人気が悪かった。広い社会から言えばね。ですから私が指導部でしたら、あの時点で判断しますよ。本当は「藤田論文」的なことを、共産党中央の見解という形で彼らは出したかったけど、まずは「藤田論文」という形式で出して、私だったら世間の反応を見て「あ、これはまずいな」と思ったら、前の政策委員長の藤野保史氏が国会で、自衛隊予算の増額について「人殺し自衛隊予算を認めない」などの発言をして社会的に批判浴びた。その時志位氏が彼は言いすぎたということで、政策委員長から外した事件がありました。

だから、この「藤田論文」が出て、反応見て「あ、これはまずいな」と思ったら、私が志位氏や小池氏だったら「あれは少し言い過ぎだと思いますので、取り下げさせました」と言ったら、問題は半分は解決したと思います。しかしそうしないで志位氏は「『赤旗』の藤田氏の論文通りだ」と言って、それを是認する発言を繰り返し、ついには自分自身の言葉で言い出しました。私は「これはまずいな」と思いました。

つまり藤野発言は彼個人の誤った発言だったから、放置しませんでした。しかし「藤田論文」は、志位氏ら指導部の思いを書かせた論文だったので、撤回もできなかったと思います。

私に対しては、先ほど言ったように、「赤旗」で除名処分理由の中で「共産党攻撃を書き綴っている」と根拠なしに論証なしにやりました。

だから、私に対しては「藤田論文」のような批判は出て来ないと思っています。

記者：「赤旗」以外で、直接、京都府委員会の方から警告的なアクションっていうのはありませんでしたか。

鈴木：ありませんでした。

記者：全くない？

鈴木：ありません。

記者：ということは警告的なものは一切ない状態で、いきなり除名に。

鈴木：私は、ここに書いているように、一年前に『ポスト資本主義のためにマルクスを乗り越える』の最終章で、今回と同じことを要約的に書いています。

いわゆる定年制、任期制、選挙制とそれに基づく全党員参加の党首公選制、それから不破氏のマルクス主義理解の間違い等、もう一年前の本に書いています。

だから、ここでの質問として「私は一年前に同じ事を書いてるけれど、中央委員会も、あなた方も私に何の話もなかった」「一年も経って同じことを書いてるのに、なぜ私は党を攻撃してると書くんですか」という質問しました。

すると寺田氏の答えは「松竹氏がマスコミに登場して、政治問題になったから」と言いました。

おかしいですよね。松竹氏が記者会見し政治問題になったら私の本の内容についての評価を変えるなどは。

なお松竹氏が記者クラブで会見したのは一月一九日です。私の本が本屋に並んだのは一月二一日ですが、一二月二七日には出来上がり、かもがわ出版に直接購入申し入れをすれば手に入りますと私はフェイスブックで書いています。ですから一月二一日の書店での発売時点では在庫がなくなる危険があり二刷になっていました。寺田氏は二月九日の私に対する調査の時、私の著作・フェイスブックには全て目を通していると言いました。だから一二月二七日には私の本が出来上がっていることも、アマゾンの政党分野で一位になっていることも知っていたはずです。松竹氏の問題が政治問題になるよりもっと前から、この本は出てるし、遡れば一年前に『ポスト資本主義のためにマルクスを乗り越える』の中で定年制、任期制、選挙制など同じことを要約的に書いています。だから松竹氏問題を理由に、この本の論評、評価を変えることは何もありません。私の方が変わったのではなく、あなたの方が変わったのです。何を根拠として変わったのですか、というのが私の質問。その質問に対して答えは今言ったように「松竹氏の問題が政治問題になってるから」を繰り返しただけです。しかし「一年前にも同じことを言っていますよ」と言ったらもう答えられませんでした。

記者：共産党には自由がなく一枚岩で鋼の鉄の規律でうんぬんと。若い人から見ると全く自由がない組織で、それが当たり前だと。ところが今、地方議員さんの方とか熱烈な松竹さんや鈴木さんを非難するツイッターを見ると、いや何言ってんだと。こんなに自由な組織はないし、私はなんでも自由に言っているという方もいらっしゃる。ところが規約を改めて見ると、五条の六ですかね、「なんでも言える」と書いてある。で、頭に「党の会議で」と。じゃあ逆に言うと党の会議の以外での発言は基本的にはお目こぼしをしてるだけで、今回のことのようにいきなり除名することが可能なシステムになっている。かつ一七条では、全国的な問題とか、あと党内の問題、これ一七条で党外に出してはいけないとある。そうすると、もうなんでも指導部、中央の胸先三寸でいつでも除名できると。今はフェイスブックとかSNSとかがあるので、みんなお目こぼししてるけれども、いきなり除名することができてしまうっていう組織なわけですね。先ほど若い人が入らないって言っておられましたが、若い人は就職的に共産党の職員になったりとか議員になったりとかすると、ほぼその他の職業につくのはなかなか難しいっていう現状がある。それを言わずに党に勧誘するというのは非常にカルト宗教とは言いませんけど、非常に違和感がある、若い人から見ると怖い組織にも見えてしまうんですよ。そこは、お目こぼしはするけれども、基本的には我々で判断するのだよと言っているんですか？

鈴木：いや、誤解を招くとよくないので明確にしておきますが、現場で活動している皆さんは結構、自由闊達に議論していて、色々やってると思いますよ。私もこの本の中でも書いていますが私が学生時代、自治会選挙やっている最中に「党勢拡大月間」があった場合、私はまず自治会選挙で勝つことを優先し、それが終わった後で拡大すればよいとしていました。そういう時に地区委員会や府委員会の幹部で「鈴木を辞めさせろ」という風に言った人もいました。

しかし、お互いにみんな別に共産党に金もらっているわけじゃない自主的な活動家でしたから、誰も私を排除するものはいなかった。そうしているうちに、実際、僕が全国最大の党組織を作ったし、個人としも、京都で一番拡大したし、全国でおそらくベストテンに入っていたと思います。そういう実績を積む中で僕の拡大のやり方を批判する人は誰もいなくなった。だから、全く共産党の中に自由がないと、そういう風には私は思いません。それは現場でやっている議員の皆さんにしても、支部の皆さんにしても、それなりに自由闊達に議論しながら、やっていると思います。

だけども今言われたように、党中央の方針を「これおかしい」と言動した途端に、「全党的な問題を勝手に言った」とか、「党内の問題を外に出した」ことで処分ということが起こったりする。

ただし、私が先に言ったように、何が党内問題で何が党外問題かという規定はありません。私や松竹氏が書いているように党首のあり方なんていうことは党内問題とは違います。社会的な政治的問題です。別に共産党だけじゃなくて、選挙に負けたら自民党だって新聞等で責任が問われます。党首のあり方というのは党内問題でなく、社会的政治問題です。党内問題、党外問題という区分自体が難しいのです。

共産党は処分として警告とか権利停止とかという、四つの段階の処分があります。何がそれに該当するかという規定もありません。小池氏が二五〇〇人の地方議員の見ている前でパワハラを行って警告。松竹氏や私が共産党中央に対して改革を提起した本を書いたら除名。いったい何を基準にして行っているのか、片方は警告で片方は除名になっていますがその判断基準が分かりません。

刑法や刑事訴訟法では窃盗した場合は、罰金何円以下とか禁錮何年以下とか適用規定を定めています。しかし共産党の四つの処分規定には、何の根拠もない。だから非常に恣意的になる危険が伴なっています。

とりあえず、以上で終わります。ありがとうございます。

（記者会見の結果、出席したマスコミ二七社の多くは、私とのやり取りを、何らかの形で報道してくれました。）

第四章

除名後に分かってきたこと

1、今回の除名処分に関する分析と課題

1）共産党は危機に直面している。私の提言には一切答えていない。

今までお読みになって皆さんはどう感じられただろうか。「事実無根で党を誹謗中傷した」「幹部への人格攻撃を行った」「松竹・鈴木は出版を通じて分派を構成した」「党内問題を外に出した」等々と決めつけ、京都府委員会常任委員会そして「党中央委員会」は「党規約違反」として、私・鈴木元を除名処分とした。これらの主張については今までの第一章から第三章で反論しているので省略する。

しかし最大の問題は、現在の共産党が直面している危機について共有する姿勢を示さず、私が提起している改革案について一言も触れなかったことである。共産党には危機などないかのようにふるまっているが、ここが根本問題である。

2）選挙で負けるわけにはいかないのだ。

これだけ党を混乱させたのであるから、よほどのことがない限り統一地方選挙では後退する危険がある。志位指導部はどう責任を取るのか。国民そして全党員が注視するだろう。もちろん今の自公政権の悪政の下、立憲や共産が前進する可能性はあるが世論調査などを見る限りそこまで甘くはなさそうである。選挙で勝てば「反共攻撃を打ち破った」と書き、選挙に負ければ「松竹・鈴木問題を利用したマスコミの反共攻撃と、それを打ち返す党勢力の回復ができなかった」と総括文を書くことでお茶を濁せると思っているのだろうか。今回はそうはいかないだろう。今は負けては駄目なのだ。憲法改悪の危険性が増しているのだから。

3）「中央委員会での処分承認」は何処でやったのか？　誰が動き指示したのか？

私への除名処分決定文書を見ると「一五日府委員会常任委員会で決定」し、「一六日中央委員会が承認し確定した」（三月一七日付の「赤旗」記事）と書かれている。問題はこの「中央委員会」とはどの機関をさしているのかであるが、規律委員会であった。この疑問については既に書いているので省略する。

規律委員会は中央委員会が任命する組織である。委員長の田邊進氏は常任幹部会員ではなく幹部会員である。それでは志位氏をはじめとする指導部の意向に沿わないわけにはいかないし、中央委員の規律違反にも対応できない。先の小池書記局長のパワハラ事件の処分は常任幹部会で行っている。もちろんこれも問題で、本来は中央委員会の三分の二以上の決議で行わなければならなかった。

さてそこで規律委員会なる組織が、京都府委員会が決定して中央委員会に承認を求めた時、規律委員会で済ませてしまうという判断を誰が行ったかである。少なくとも常任幹部会ではない。それであれば常任幹部会が自分で決定すれば良い。したがって誰か特定の幹部か複数の幹部が規律委員会に指示したのだろう。選挙で敗れた場合「告示の直前に、松竹処分に続いて鈴木まで処分したことが国民的にまずかった」ということになったとき「何処の機関がそんなことを決めたのか」「誰が指示したのか」ということが出てくる可能性もある。それも出てこなければ、それこそ旧陸軍や旧海軍と同様に、共産党指導部には責任という問題が存在しない組織に成り下がっていることになる。

4）なぜ京都府委員会は松竹氏の除名処分を決めてから一か月以上もたって鈴木の除名処分を決めたのか？

松竹氏の除名処分自体が間違いであるが、松竹氏の除名処分の理由の一つが「党攻撃を書き綴った鈴木氏の本の内容を知りながら督促して同じ時期に出版をしたことは分派行為である」としている。それなら松竹処分と同じ時期に私を処分しなければならなかっただろう。事実インターネット上では「松竹氏が処分されながら、なぜ鈴木氏は処分されないのか」という疑問が流れていた。

松竹氏に対する京都南地区の処分理由書は私の本を恣意的にゆがめて書いている。京都南地区委員会の人にこまで読み込み意図的にゆがめて書くなどはできないだろうと言った。その後調べると南地区委員会常任委員の七名の内、純然たる専従職員は河合秀和委員長だけであり、二人の副委員長は府会議員と市会議員、後の四名は嘱託常任委員である。失礼ながら私の本をそこまで読み込んだり意図的にゆがめて書くなどは出来ないと推察される。無理な手続きを含めて中央委員会が係わった事件だと考えざるをえない。

三月六日南地区委員会の活動者会議が開催され河合委員長が「松竹問題」を報告した。しかし彼は「赤旗」に掲載された論文を引用するだけで、およそ自分の言葉でしゃべらなかった。参加していた人の報告によると、あの文書は南地区で書かれたものではなく、誰か別の人が書いて河合委員長は読まされていると思った人が多数であったと語っている。

府委員会の文書はどうだろうか。私は『志位和夫委員長への手紙』の中で先の参議院選挙での渡辺委員長の判断・対応のまずさを批判している（三四〜三五ページ）。しかし、それについては何も言及されておらず、宮本氏・不破氏・志位氏に対する批判だけについて触れている。この文書も中央の誰かが書いた物だと推察される。「いや違う、南地区ならびに府委員会が書いたものだ」というなら、ぜひ反論してほしい。ところで、私は先の一五日の府常任委員会の時に、「なぜ松竹氏の処分と私の処分がずれているのか」とその理由を問いただしたが回答はなかった。Yahoo!ニュースでは、真偽のほどはわからないが、府委員会が中央の処分の求めに対して抵抗していたとの記述が見られる。

5）先に書いたように一五日の常任委員会でしゃべったのは、渡辺委員長が一言だけ発言した以外、基本的に寺田副委員長だけであった。他の一四人の常任委員は一言もしゃべらなかった。私は過去に何回か処分を決定する府委員会総会に参加している。そうした場合、何人かが感情もあらわにして「貴方に裏切られた」「なんでこんなことをしたのですか」と詰問口調で発言していた。しかし今回は誰ひとりとして処分賛成演説どころか、私を追及するような人もいなかった。それどころか事実上唯一の追及者であった寺田副委員長も、大きな声で私を追及する様子ではなく、小声で何か記憶していることをオウム返しで言うような口ぶりで、私の反論に対してもまともに反論しなかった。どう見ても京都府委員会常任委員の多数が私を除名処分にするという雰囲気ではなかった。

にもかかわらず除名処分を決定したということは「中央」の意志が強く働いたとしか考えられない。志位氏や小池氏は記者会見で何回も「当該組織で検討されていると聞いている」と述べている。つまり「早くやれ」と督促していたと考えるのが順当だろう。府委員会はこらえきれず決定したのであろう。私が一五日の常任委員会の時に言ったように「上級下級ではなく役割分担となっていますか。中央からの指示を断れますか」との質問が正しかったということだし、寺田副委員長を含め「意見が違う場合、拒否できます」とは断言しなかった。ここにこの問題処理の焦点がありそうである。

渡辺委員長など京都府委員会指導部にたいして、このような強引で執拗な指導を行うのは都道府県委員長などを経験した中央の上級幹部であり、渡辺京都府委員長は幹部会員だからそれ以上、つまり常任幹部会員以上でなければできない。少なくとも地区委員長も都道府県委員長も経験したことがない小池書記局長には出来ないだろう。そして先のように常任幹部会の議決を経ないで規律委員会に承認させた人物ということになれば、ほぼ特定される。

なお他の都道府県においても「松竹処分問題」について中央の方針に反対した人がツイッターなどで自分の意見を公開している人がいるが、今のところ除名処分者を出しているのは京都府委員会だけである。京都府委員会に対してこのような「強力な指導」を行える人物の介在の可能性を否定できない。自分で名乗りを上げたらどうだろうか。

6）市田氏のフェイスブックの記事は責任を取らなくてよいのだろうか。

一五日の常任委員会では私への「追及項目」になっていなかったので私も無視したが、九日の調査の日では話題になった。

（府・寺田副委員長）貴方の本『志位和夫委員長への手紙』ならびにフェイスブックは全て読んだ。全体として言えることは党への攻撃で貫かれている。それを認めるかどうか。

（私・鈴木元）「全体として」などのあいまいなことを言うべきではありません。「ここは、こう」と言う批判の仕方をしないかぎり問題を具体的に検討できない。そういう言い方はやめておきなさい。ところで貴方は私のフェイスブックを全て読んでいると発言された。ということは市田氏のフェイスブックも当然読んでおられますね。先日彼は公開されたフェイスブックにおいて何の根拠も示さず「俺が俺がの鈴木は、哀れな末路を……」という記事を書いているが、これは党規約の最初に書かれている「党は社会的階級的道義を守らなければならない」という規定に反すると思うが、どう考えますか。

（寺田）特に問題と思いません。当然の発言と思います。

（私）よくまあそんなことが言えますね。貴方の人権感覚はどうなっているのですか。

この寺田氏とのやり取りの前、三月六日に開催された先の南地区の活動者会議で、ある人が報告者の河合地区委員長に「鈴木氏らはフェイスブックに投稿しているが、それはどう考えたらいいのか」と質問した。河合氏は「それは規約違反です」と答えた。すると別の人から「それでは市田氏の先の鈴木氏を誹謗中傷したフェイスブックの記事はどう考えたらいいのですか」と聞いたところ、河合氏は「攻撃に対する反撃です。つまり正当防衛で問題はありません」と答えている。河合地区委員長のその場限りの返事とは思えない。寺田氏の答え、河合氏の答弁、中央からそういう回答例が届いているのだろう。私は『志位委員長への手紙』においても、このフェイスブックにおいても市田氏を批判したことなど一度もない。この人たちは幹部であればどんな人権無視・社会的階級的道義を逸脱した発言も許されると思っているようだ。そして批判された場合、社会的に通用しない詭弁を弄することをなんとも思わず語る人だという本性をさらけ出した一幕であった。私は久しぶりに後輩の党幹部と対話したが、ここまで人間的に荒廃が進んでいることに驚きと怒りを覚えた。

7）「除名処分」後にも不可思議なことがあった。

三月一七日付「赤旗」の片隅に私・鈴木元の除名処分決定文書が掲載された。しかし一八日以降今日まで一週間が過ぎているが「鈴木元の処分は現在検討中」など言っていた志位委員長・小池書記局長の両名は一言もコメントを出して来なかった。「松竹処分」の前後から「赤旗」紙上では連日のように「松竹の処分は当然だ」とする様々な論文が掲載されていた。しかし私・鈴木の処分に関しては何一つ論文が掲載されなかった。

そして驚いたのは三月二六日付の「赤旗」日曜版には処分文書も掲載されなかったことである。これは一体どうしたことなのか。私の周りの人は「統一地方選挙を前にして、鈴木元除名処分の記事などを掲載すれば新たな混乱が生じ、選挙にマイナスになるので止めたのであろう」と言っておられた。それであれば私が警告したように選挙を前にして除名処分などしなければよかったのである。私は「赤旗」に除名報道がなされた三月一七日の午後に急遽記者会見を行い、五大紙＋ＮＨＫそして京都新聞などの地方紙などを含めて二七社に参加していただいた。あくる一八日には一斉に「共産党また除名処分」などと報じられたために広く国民に知らされることになった。したがって「赤旗」が選挙前という時期判断で私の「除名処分」報道を抑えたとしても、広く国民的には「頭かくして尻隠さず」のことわざのように「共産党がまた除名」ということは広く社会的に知れ渡ってしまった。

もう一つ不思議なことは記者会見などで私・鈴木問題については、志位・小池氏らは質問されてもごく実務的なことを少ししゃべるだけにとどめていることである。ところが穀田国対委員長が国会内での記者会見において二度にわたって「読んではいないが共産党攻撃を書き綴っている。怪しからん」「(統一地方選挙を前に共産党攻撃の本を)周到に準備し刊行した。変節して語るに落ちるということだ」などと声を荒げて攻撃した。所轄外の彼がただ一人、記者会見で私への攻撃発言をすることは異常だ。しかも彼と私は大学紛争で命を懸けた戦友であったし、六九年四月八日、彼が全共闘に襲撃され負傷した時に救出に行ったのも私であった。そして、彼が市会議員から国会議員になるにあたって私が選対本部長を務めトップ当選した仲である。私は彼を親友であると思ってきた。にもかかわらず突然私を口汚く攻撃したことは私の理解を超える。一体何があったのか。本人が説明する必要があるだろう。これは党員以前の人間性にかかわる問題だと思う。

いずれにしても統一地方選挙で党が敗北した時、責任問題が浮上するだろう。当然、このように仕掛けた人間は責任を取って辞めなければならない。志位・小池氏は「鈴木・松竹」に謝罪し処分を取り消したうえで辞任し、後のことは臨時・代行の執行部に委ねなければならないだろう。今回も責任を取らないなら、本当に国民から見放されるだろう。そして、臨時執行部は松竹氏や私等を呼び党改革についての意見を聞く懇談会を持つべきだと考える。

2、選挙告示日の訳がわからない志位指導部の行動

——選挙声明ではなく「日中関係改善の提言」を掲載するとは

1）三月三一日の「赤旗」を見て驚いた。三一日は県会議員・政令指定都市会議員選挙の告示日である。通常一面トップには「告示にあたっての常任幹部会声明」が出るものだが、なんと日中の関係改善について志位委員長名の提言を岸田首相に申し入れたと報道。それに小池書記局長、田村副委員長・政策委員長、穀田国対委員長が同行したことを示す写真入りで掲載された。五面には七中総決定推進本部名で国民への訴えではなく「候補者と選対本部長へのみなさん」の訴えが出されていた。

志位指導部はどうなっているのか全く想像もつかないピント外れの「赤旗」紙面だ。しかも昨日・今日と、台湾問題をめぐって中国が挑発と懐柔の新たな動きを進めているとき、それに対する警告・抗議ではなく日中関係改善についての提言など、志位氏の頭の中はどうなっているのか。

告示日、京都の現場では共倒れ対策のために票移動を含めて真剣な検討が行われている。志位氏は現実政治の現場には関心も責任も感じない状態にあるようである。今日三月三一日の「赤旗」紙面を見ただけで選挙結果が見えてくるように思える。

2）市田副委員長・渡辺京都府委員長は鈴木・松竹問題を一言も語っていない。

三月二六日、京都市南区で統一地方選勝利を目指す街頭演説会が九条七本松で、市田副委員長をメイン弁士として開催された。歩道側には動員されたと思われる高齢者の方々が手押し車に座って並んでいた（三月三〇日付「赤旗」に写真入りで報道）。そこで市田氏は乙訓の演説会では松竹・鈴木を声を荒げて批判していたのに一転して一言も発言しなかった。続いて二七日、私の地元・西京区で後援会の決起集会が開催された。私は京都最大の単位後援会の会長であるが、無用な混乱を起こすべきではないと考え出席しなかった。渡辺府委員長が来るということで「なにを弁解するのだろうか」とか「また強弁するのか」など様々な憶測が流れていたが、渡辺委員長は鈴木・松竹問題は一言も語らなかった。つまり市田・渡辺の両氏とも選挙直前の今、鈴木・松竹問題を取り上げたら票を伸ばすどころか減らしかねないと判断したのであろう。そうであれば松竹・鈴木の除名処分など行わなければ良かったのであるが、時すでに遅しである。

3）「松竹パンフ」はどうするのか。

私・鈴木元を一六日の夕方に除名処分した後、一七日の日刊「赤旗」の隅に「鈴木元の除名処分について」を掲載した以外、それから二週間以上たっているが一切報道しなくなった。「赤旗」日曜版では除名処分文書さえ掲載されなかった。

ところがそのように松竹・鈴木問題を隠すようになった今頃になって、通称「松竹パンフ」（松竹氏除名前後に出された「松竹批判論文」をまとめたパンフ）が地区や支部におりてきている。しかも一冊二七〇円の買取りで下ろされてきた。どうするのだろか。

過去にも「松竹パンフ」のようなパンフが作られ大量運用されたことがある。「袴田パンフ」である。戦前・戦後を通じて宮本顕治の盟友であった袴田里見副委員長を除名した時に袴田里見氏を批判したパンフを作った。この時は、これでもかと言うほど大量に運用された。

「松竹パンフ」は大量運用出来ず古紙回収に出すのであろうか。買取りをさせられた支部はこの上なく迷惑なことである。（四月一日）

3、「結社の自由」論について

共産党は松竹氏の除名処分を巡って突然「結社の自由」論を展開した。つまり結社には自立的な内部規律が定められている。結社に入る人は多少、自由に制限があり不自由があっても、その自立的な規律に従わなければならない。これを守らなかった松竹氏は除名されても当然である。それに疑問を提起する「朝日新聞」などは「結社の自由」を否定する立場で共産党を攻撃していると主張した。その根拠として一九八八年一二月の最高裁判決を引っ張り出した。その判例は以下のとおりである。

「政党の処分については、一般市民法秩序と直接の関係を有しない内部的な問題に止まる限り、司法審査は及ばず、また当該処分が一般市民としての権利を侵害する場合であっても、原則として当該政党が有する規範・条理に基づき適正な手続に則ってなされたか否かの点についてのみ、司法審査が及ぶ」

引用した人は知っているが、この判決は袴田裁判の時のものである。袴田里見副委員長（当時）が反党分子として除名処分されたのを受け、党中央は副委員長であるがゆえに党から提供されていた住宅の明け渡しを求めた。それにたいして袴田氏は自分の処分は適切でなかった、その不当な処分を理由に長年住んでいた家の居住権を奪うのは非人間的だと争ったが敗れた。

つまり袴田元副委員長は「不適切な除名を根拠に住居の明け渡しは認められない」と主張したのに対して、党規約は政党の自立的規定であり、それが「一般市民法秩序と直接の関係を有しない内部的な問題に止まる限り、司法の審査は及ばず」としたのである。ある意味では当然の判決であった。

ところでこの「一般市民法秩序と直接の関係を有しない内部的な問題に止まる限り、司法審査は及ばず」について、引用者は共産党にかかわった事件があることを伏せている。一九七〇年代前半、川上徹等「新日和見主義事件」の査問をめぐって起こった事件である。川上氏ら新日和見主義分派とみなされた人々は査問ということで共産党の建物に閉じ込められ、トイレに行くのも監視人が付いてくる、寝る時も横に査問人がいるという状態の下に何日も置かれた。川上氏の父親が人権委員会に訴え釈放を勝ち取った。川上氏はこの体験を『査問』（ちくま文庫）という本として出版し社会的に大きな話題となった。川上徹氏らが人権侵害として共産党を告訴していれば、「一般市民法秩序と直接の関係ある」問題として共産党は敗訴していたであろう。これ以降、共産党は「査問」という言葉をあらため「調査」としたのである。「結社の自由」は無条件ではないのである。

もう一つは引用者たちが引用しなかったのが後半に書かれていることである。つまり「当該政党が有する規範・

条理に基づき適正な手続に則ってなされたか否かの点についてのみ、司法審査が及ぶ」ということだ。

今回の事で言うならば松竹氏の処分が党の規約に即して「適正な手続に則ってなされたか否かの点についてのみ、司法審査が及ぶ」である。松竹氏の処分は、党支部で行われていない、処分決定時に呼ばれず「弁明の機会が保障されていない」、地区委員会総会ではなく「常任委員会で行われた」等、明らかに規約が定めている手続きが行われていないという瑕疵がある疑いがある。この点で「除名処分」は有効か無効かを争えるということを明示しているのである。引用者たちはそれを知っているので後半を引用しなかった。こういうふうに、この判決がどういう事情で出されたもので、どういう文脈の下に出されたものであるかを隠して自分の都合の良い論理で扱い、手前勝手に持ち出すやり方は不当であり、「社会正義」を主張する共産党がやるべきことではない。

前記の整理は法的には素人であるが、政治的経験を有する私の解釈であり、法律専門家からみれば稚拙な議論かもしれない。それでは法律の専門家はこの判決について、どのような見解を持っているかを調べてみた。とりあえず手に入ったのは次の二つの論文である。深めたいと考えている人はインターネットなどで調べていただきたい。

渡辺『憲法裁判の法理』（岩波書店）第二章「政党の内部自治と司法の審査」（一四二〜一四八ページ）

高橋和之『体系　憲法控訴』（岩波書店）第一「憲法訴訟の成立要件」（六六〜六九ページ）

4、「出版の自由」と「党の規律」

憲法第二一条は自由について以下のように記している

「集会、結社および言論、出版のその他一切の表現の自由はこれを保障する」
つまり結社の自由は独立規定ではなく、表現の自由の中に出版の自由とともに含まれている。
ところで松竹氏（鈴木も）の除名処分の最大の理由が「党首公選制という異論を突然党外の出版物で主張し攻撃した」というものである。

党首は私人ではなく公人であり、そのあり方は広く社会的に論じられている問題であり、狭い党内問題ではないことは共産党だけではなく他党についても同様である。職場で「貴方の共産党の志位委員長は選挙に敗れても責任を取らない。長すぎると思うが、どうか」と言われた時「それは党内問題であり答えることは出来ない」などの対応が出来ない問題である。「それについては、私はこう思っている」と言えば党内で解決する手立てを取らず党外で中央の方針と異なることを語ったとして処分するのだろうか。

つまり志位指導部は「結社の自由」の名によって、広く社会的な言論空間において自己の見解を出版の自由として表現することは規制できるし、それを逸脱した者は除名するという方針を改めて明らかにしたのである。志位氏らは「異論を述べたから処分したのではない、党内で解決する努力をしないで党外から攻撃したから処分したのである」としているが、結局「結社の自由」による「自主的内部規律」を理由にして「出版の自由」を踏みにじっているのである。

これでは党員の学者・文化人・言論人は「党首のあり方」を含めて、広く社会的に論じられている問題について、その時の中央指導部が言っている事以外について自由に述べることは出来ないことになる。今回の松竹・鈴木の除名処分はこうした志位指導部の体質を明らかにした。だからこそインターネット上では志位指導部への批判はあっても鈴木への批判は皆無に近いのである。共産党は根本的にその体質が問われているのである。

先の「結社の自由」論と、この「思想の自由」の二つに重複するのが「報道の自由」をめぐっての志位氏の発言である。共産党が松竹氏を除名処分した時、「朝日新聞」が「社説」で苦言を呈した。すると志位氏は「共産党の自主的・自立的な決定に対する外部からの攻撃」と「反撃」した。

しかしマスコミである新聞が共産党の内部問題であっても国民の知りたいという要望に答えて、自らの見解を報道する自由はある。共産党は自らの「結社の自由」は、国民の知る権利、マスコミの「報道の自由」よりも上にあると思っているのだろうか。互いの自由を認めた上での切磋琢磨した議論で一致点を見出して行くのが今日の民主主義だろう。それを「結社の自由」の名によって自らの内部問題を報じられることは共産党に対する攻撃だとして排撃することは国民の知る権利、マスコミの報道の自由を否定することになる。

なおこの日、インターネットで見られる二つの資料を紹介した。一つは、共産党支持者で著名な評論家・内田樹氏が松竹氏処分に対する苦言を表明したものである。インターネットで「内田樹　ある共産党員への手紙」と検索すると出てくる。もう一つは、私・鈴木元が三月一七日に東京で記者会見した内容がユーチューブで見られる。以下がURL。既に二万件以上のアクセスがある（前半　https://youtu.be/97-g4oQ1AjA　後半 https://youtu.be/m_nIlQoWvCQ）。（四月一日）

5、書き忘れていたこと

1）調査は三〇分、除名処分に対する弁明は四五分でしかなかった。

私は私に対する共産党からの除名は余りにも拙速で乱暴であり、取り消して謝罪すべきと書いてきた。具体的に言うと三月九日の「調査」は三〇分、三月一五日の処分決定日は四五分であった。これでは党規約第四九条が定めている「規律違反の処分は、事実にもとづいて慎重におこなわなくてはならない」に反している。

なお三月九日の調査は規律違反について調査するということであった。そして三月一五日は規律違反で処分すると言われたが「除名処分」という言葉はなかった。つまり処分内容が明確にされない下での、私への糾明と答弁を求めたものであった。こんないい加減な除名処分はない。引き続き抗議と取り消しを求めていく。

2）なぜ注意も警告もなく突然に除名されたのか？

先日の私のフェイスブックに萩原遼氏のことについての書き込みがあった。それをヒントにいくつか気になったことについて書く。

実は萩原氏に対して共産党への入党を勧めた人と、私に入党を勧めた人は同じ人物である。それでその方が亡くなったときにも一緒に家を訪ね奥さんにお悔やみを申し上げると同時に、その方が歩んできた人生を三人で振り返った仲である。

萩原氏は、党三役の公選制を提案し、党大会代議員の選び方が民主的で無いので改革を提案していた。しかし、それに対して党の担当部局は意見を述べたり注意したりしていたが処分はしていなかった。

ところが不破哲三氏がそれまでの北朝鮮批判を改め朝鮮総連の大会に出席し北朝鮮を肯定するようなメッセージを送ったことにたいして、萩原氏は批判するとともに、会場周辺で抗議のビラを封筒に入れて配布した。

これに対して党は「赤旗」などで不破氏を擁護するとともに萩原氏を除籍した。つまり党改革案を述べている段階では処分しなかったが、不破氏という党首の言動を名前を上げて社会的に公表して批判したのに対して除籍という態度に出たのである。

私の場合であるが、わずか三〇分余りの調査の中で、「『志位委員長への手紙』で書いている事は一年前の『ポスト資本主義のためにマルクスを乗り越える』で書いていますよ」と言った。それに対して寺田氏は「松竹問題で政治問題化」していて事情が変わったと言った。同時に、「その時には書かれていなかった志位氏に対する批判を具体的に書いて党を攻撃した」と述べていたことを今思い出した。つまり、志位氏の誤った言動について、より具体的に何か所も書いているということが問題のようである。松竹氏も私も党改革一般ではなく、いずれの本でも、志位氏の言動についての批判を名前をあげて行った本を出版したというところに 二人に対する除名処分の最大の根拠がありそうである。なお共産党は萩原氏の党改革の言動について、何回も注意をしたと言っているし、松竹氏の本についても藤田論文で警告したにもかかわらず記者会見などを行ったので除名したと言っているが、私にたいしては一度も問い合わせたり批判したりしないままに除名処分を強行した。

3）なぜか「除名処分に対する一問一答形式の文書」は回収された。
京都の共産党の地区委員会では、多くのところで月曜日に支部長会議が行われている。三月二〇日に開催されたある地区の支部長会議において、私への除名処分文書と一緒に発行人・表題不明の私（鈴木）への「除名処分に対する一問一答形式の文書」が配布された。そこには「参議院選挙の結果についての意見が寄せられたが統一地方選挙に生かしますと回答しています」などの記述があった。そうしたこともあり、その文書については参加者から異口同音に批判が出た。ところが、その二日後の三月二二日に地区委員会から出席者に対して、「その文書の回収をする」との連絡が入ったそうである。その内容のでたらめさが社会的に批判されることを恐れたようである。

4）「質問に回答している」というのはウソである。

その文書の中で「鈴木は中央に安全保障問題に対する意見を上げたが回答がなかったと言っているが、中央は回答している。明確に嘘をついている」と記述している。この件については既に三月四日付で批判しているので省略するが、こういう姑息なやり方でデマを流すようなことをすべきでない。

5）「中央はこんな時に何をやっているのか！」政治的判断が欠如している。

今まで書いてきたように三月一五日の京都府員会常任委員会において私は「選挙を前にして松竹氏に続いて私まで除名処分するなら政治的に混乱し選挙で大きなマイナスの影響を与える危険性があるので止めておきなさい。意見の相違は、しばらく内部的に継続して討論しましょう」と提起した。にもかかわらず問答無用とばかりに除名を強行した。

私や松竹氏の本は重版を重ねていると言え、せいぜい一万冊単位のことである。そして除名処分を掲載した「赤旗」の発行部数もせいぜい二〇万部ほどのことである（日曜版には掲載されていない）。しかし「読売新聞」「朝日新聞」「産経新聞」などの全国紙そして東京新聞など地方紙を合わせるとその発行部数は軽く五〇〇〇万部は超えている。そこで一斉に「共産党また除名処分」と書かれた。これがどれほど世論に影響を与えるのか判断できないのか。私が共産党の指導部ならこんな馬鹿げた判断はしない。

除名処分をしてから気が付いたのか、一七日の「赤旗」の二面の片隅に除名処分文書を掲載しただけで、その後、私に対する批判は「赤旗」には一切掲載していないし、前記したように「赤旗」日曜版には除名処分文書さえ掲載せず、何事も無かったかのようである。しかし、そんなことは世論的には通用せず、「共産党は再び除名」という記事が大きな影響力を与えるだろう。なぜ「除名問題は慎重に、そして時間をかけて」という判断ができないのか不思議であり、中央委員会の政治的資質が問われている。インターネット上では共産党の除名処分に対する批判と疑問があふれているが、私の出版・言動に対して激励はあっても批判は見当たらない。既に世論的な決着は付いているのではないだろうか。

6）まともにウクライナ支援活動を取り組まず、フランスに行ってもウクライナには行っていない。

私は本の中で、「ロシアのウクライナ侵略に対して全ての党が反対・糾弾を表明している。共産党が反対と書いている、言っているというだけでは他党と何も変わらない。アメリカのベトナム戦争の時のように具体的な闘争を組織しなければならない」と書いた。同時に志位氏らが代表団をフランスやスウェーデンに派遣し先進国における社会変革について語り合うなどは、金と時間と人手があるなら多様な国際活動の一つとしてありうるが、今まずやることはウクライナ訪問であり（デビ夫人が単身行っている）、危険であるというなら隣国で数多くの難民がいるポーランドやモルドバなどに激励と調査に行き、日本政府と国民にどのような支援を行うべきか呼びかけるべきであると提起した。そして具体的には民主勢力にたいして仮設住宅の建設や緊急医療支援について呼びかけるべきであると提起した。しかし志位氏等は今日にいたるまで動いていない。岸田首相は先進七か国（G7）の中では最後にウクライナを訪問した。岸田首相は日本は戦闘に使われるような物の支援はしないが、医療支援と復興支援で役割で果たすとゼレンスキー大統領に提案した。ウクライナ世論としては不満もあったがゼレンスキー大統領は歓迎を表明した。それに対して共産党は岸田首相の帰国後の国会報告に対して「武器輸出などするな」と追及した。とにもかくにも思い込みによる他への批判が優先し具体的な政治情勢への対応が悪すぎるのである。

7）山口県衆議院四区補選で共産党、有田芳生氏を自主推薦し闘うことになった。

山口県で衆議院四区の補選が行われる。これに対して共産党山口県委員会は独自候補者擁立を見送り、立憲民主党公認の有田芳生氏を自主推薦して闘うと「赤旗」で報道された。有田氏は知られているように『日本共産党への手紙』を編集し、共産党から除籍された人物である。私は『手紙』の中で「有田氏への除籍は間違いであった。共産党は除籍を取り消し謝罪すべきである」と書いた。その有田氏を共産党山口県委員会は自主推薦して闘うというのである。

私の知人が山口県委員会に電話で問い合わせた。すると①保守と革新の連合として追求した、②「松竹問題」等の語るリスク（有田氏は松竹氏の除名処分に抗議している）も考えたが大局に立って判断した、③この件は中央にも報告し了解を得ている、と返答があった。

その後、有田氏の談話によると、共産党の志位委員長から有田氏に必勝のエールが届いたそうである。それではますます有田氏にたいする除籍の取り消しと謝罪が必要であると考えるが志位指導部はどうするのか。なお皮肉な質問であるが、共産党は私・鈴木元を除名処分したから共産党から言うと私は一般市民である。その私が立憲民主党から公認候補で出馬したら反自民のために私を自主推薦して闘うのであろうか。自分が何をしているのか分かっているのだろうか。（三月二七日）

8）「赤旗」は三月度大量減紙したのだろうか。「党勢は増えたのか、減ったのか」明らかにしていない。

共産党志位指導部は今年の一月から来年に延期した党大会に向けて前大会比一三〇％（その後も後退しているので実質一四〇％余りと推察される）の党勢拡大を追求している。そのこともあって月末の申請数を翌月の二日の「赤旗」に発表してきた。ところが四月二日そして今日四月三日付の「赤旗」に増減の数が発表されなかった。減紙を認めようとしない志位指導部でも、全国で日刊紙五〇〇部や日曜版一〇〇〇部程度の減紙なら恥を忍んで発表した可能性がある。しかし実際には発表できないぐらいの大量減紙が出たのであろう。事実から出発することによって正確な方針が出せる。不都合な事実を認めなければ現実に即した方針は出せない。志位指導部はうすうす事態予測できていたので、三月三〇日付「赤旗」において「七中総推進本部の声明」で次のように記載していた。

「選挙戦は、道府県議選も、政令市議選も、このままの取り組みの延長線上では、現有議席を確保できず、後退する危険があるという状況から脱していません。野党共闘で政権交代を打ち出したことに対する大きな反動の流れ……そして今回の一連の反共キャンペーンが行われるもとでのたたかいのであること、奮闘してきたものの党づくりの遅れを打開出来ていないことは、わが党に取って厳しい条件となっています」

私が予測した通りになりつつある。選挙で後退した場合、志位指導部は「松竹・鈴木問題を利用した反共攻撃と、それを押し返す党勢拡大が出来なかった」との声明を出すのだろうか。それに常任幹部会や中央委員会で意見も出ず、収まるのであれば、いよいよ共産党は自壊の道を進むことになるだろう。

9）拙著『志位和夫委員長への手紙』で私は「月間方式」は再検討する時に来ていると提起した。

七大会六中総で「党勢倍化運動」が提起され成功した。それ以降何回も「党勢拡大月間」が提起され、「それなりに成功」していたが矛盾も深めていった。本来、党活動は全面的なものである。世話役活動をはじめとする大衆活動、多様な要求に基づく大衆団体の拡充の取り組み、様々な統一戦線運動、それらを基に結実させる党勢拡大と選挙での得票と議席の拡大。しかし七〇年代に「人民的議会主義」が提起される中で、現場では数字であらわされる党勢拡大と選挙活動に傾斜していく傾向が強まった。全国で模範的拡大を進めていたと評価されていた県の委員長二人（愛知と宮城）が「水増し拡大」で処分されることも起こった。そして一九八〇年の一五回党大会以来、大会に向けて拡大月間が提起されたが全て失敗し、以来四〇年間一度も増勢で党大会を迎えることなく後退してきた。だから私は「目標と期日」を設定した党勢拡大月間方式は再検討する必要があると提起した。

そして二〇二二年の八月から一二月の五か月間の特別期間は失敗し党勢後退をもたらした。その時、私は「まさか延長しませんね」と書いた。しかし志位指導部は二〇二三年一月五日に開催した第七回中央委員会総会において、延長した二〇二四年一月の二九回党大会に向けて前大会である二八回党大会比一三〇％（実質一四〇％以上）の拡大を提起した。統一地方選挙を前にしているのに第一課題を拡大、第二課題を選挙、第三課題を日常活動を含む大衆活動とした。これほど馬鹿げた方針はない。選挙を前にすれば選挙を第一課題にしなければならないが、志位指導部は「拡大と選挙を並列にすれば、選挙が近付くにしたがって拡大がおろそかになるので、あくまで党勢拡大を第一課題である」とした。

長い目で見れば選挙の得票と党勢は比例する。しかし直面している選挙で言えば、その時の情勢、候補者の組み合わせ、打ち出す政策が有権者の願い気分とかみ合っているか、党の候補者の実績、党員や後援会員がどれだけ意気に燃えて活動するか、など様々な要因の総合的組み合わせによって結果が決まっていく。選挙と党勢拡大は対象も活動内容も違う。選挙は支持者を基礎に広く全有権者を対象とした宣伝活動を前面に出しながら支持を広げていく活動である。それに対して党勢拡大運動は党支持者を対象に「赤旗」購読や党への入党をしていただく活動である。しかも志位指導部は赤旗拡大と党員拡大を並列にするのは間違いであり、党員拡大こそ根幹であり前面にしなければならないと主張している。党員拡大行動を行えるのは党員の中でも極一部の人である。そのため今では党勢拡大は地区委員等の機関役員・議員・党支部長などの特定の人々の活動となっている。選挙での宣伝や支持拡大は、今でも多くの党員・後援会員・支持者の活動になっている。それなのに選挙直前・選挙中も党勢拡大を第一の柱にしながら選挙活動を進めるなど、自ら活動の幅を狭める活動をしては選挙での後退は必至になっていく。私はそれを警告したが聞く耳を持たず突き進んでいる。

10）危機に瀕している共産党に改革を提起した松竹伸幸氏、そして私・鈴木元を拙速で乱暴に除名という暴挙を行い党内に混乱そして党員の足を止め、国民的には急速に党支持ばなれを起こしてしまった。

私は私の「除名処分」を決める京都府委員会常任委員会において「せめて継続審議にしなさい。今、松竹氏に続いて、私まで除名処分にすれば選挙になりませんよ」と警告したが、問答無用に除名処分した。しかし私が警告したように全国的に党の足は止まり、多くの支持者が党からはなれ大量の減紙となった可能性がある。なお財政難もあって「赤旗」の紙面は減ページになったが、志位氏の演説は要約ではなく全文掲載にしているので、多様なニュースの掲載をますます困難にし紙面を面白くなくしている。

残る起死回生は松竹氏ならびに鈴木に謝罪し除名処分を取り消し「共産党は変わります」ということを党内外

で示すことである。そうしないで居直り続ければ選挙戦での後退は避けられないだろう。志位指導部はその責任をどうとるのかが問われることになるだろう。

11）三月度は日刊「赤旗」は一一九七部の減紙、日曜版は九二〇六部の大幅減紙だった。

四月四日の「赤旗」六面の左下に小さく三月の党勢拡大について掲載された。二日の新聞には掲載されなかったので多分全国から問い合わせがあったのだろう。二日遅れで報道された。「赤旗」日刊紙が一一九七部の減紙、日曜版が九二〇六部の大量減紙。不幸なことに私の予想が当たった。なおいつもそうであるが党員については三四二名が入党を申し込んだと書いてあるが、何名増えたとは書いていない。つまりそれよりも多くの人が亡くなったか辞めたかで現勢は減ったのであろう。

いずれにしても私が指摘してきたように、選挙を前面にして闘わなければならないのに、党勢拡大を第一課題として一三〇％を追究してきたことが間違いであったこと、党勢拡大そのものが失敗しつつあること、選挙活動をないがしろにし活動を狭くしたことによって選挙での敗北が見えてきた。大阪では府会議員（現職二名）がゼロになるだけではなく、四日の「赤旗」一〇面によると大阪市会議員（現職四名）についても「空白と後退の危険を脱していない重大事態となっています」と報道している。

「天下の大阪」で大阪府会議員も大阪市会議員もゼロになるということは、共産党は大阪の現実政治に対する影響力・発言力のある勢力では無くなり、人知れず町の片隅にあるかないかわからない存在になるということである。志位指導部は「大阪のこと」と済ますわけにはいかず、その指導責任が問われなくてはならないだろう。これからマスコミ各紙に毎日、選挙区毎の情報が報道がなされるだろう。今になっても「党勢拡大が第一」などの誤った方針は改め、一喜一憂しないで選挙を前面に出して闘うべきである。

6、志位体制と除名処分の問題

今回、松竹伸幸氏も私・鈴木元も理不尽な除名処分を受けた。そして私はそれを批判する連載をフェイスブックで書いてきた。それを振り返って読む中で、改めて重要なことに気が付いた。志位委員長体制になって、社会的破廉恥行為を除いて「政治的問題」で「除名処分」になったのは松竹氏と私・鈴木元だけである、それだけ特異であり、共産党にとってその在り方が問われる重要な問題である。

1）「除名処分」は〝公然と現職党首を批判〟した場合に行われている。

①一九八五年の第一七回党大会時、「宮本議長は長すぎる」「もうやめるべきである」との意見が出ていた。その時、伊里一智氏（ペンネーム）は東京大学院生党組織において「宮本議長は辞めるべきである」と主張して代議員（東京都党会議）にもう一人のY氏と立候補してY氏が当選し伊里一智は落選した。ところが共産党は伊里一智氏とY氏が「多数派工作の分派活動をした」としてY氏の代議員権を剥奪した。伊里一智氏はそれに抗議したが党中央は「党破壊活動を行った」として除名処分にした。この時、志位和夫氏（当時、党中央委員会青年学生部員）は宮本顕治議長から直接の指示を受けて東大院生党組織に乗り込み、除名処分を執行した。

②二〇〇五年、それまで北朝鮮を批判していた共産党が、不破哲三委員長を代表として朝鮮総連の大会に出席し北朝鮮に同調する挨拶を行った。これに対して著名な朝鮮問題専門家であった党員の萩原遼氏が公然と不破氏を

批判した。そうすると共産党は萩原氏を除籍した。なお萩原氏はそれまでに党三役の公選制や党大会代議員選挙の民主化を主張し書いていたが、党内批判にとどまり処分はされていなかった。

③二〇二三年、そして今回、松竹氏や私・鈴木を除名処分にした。松竹氏は中央委員会勤務員を辞めて以降、安全保障問題については今回と同じことを書いたり講演したりしてきた。私・鈴木元も党首公選制などは一年前の『ポスト資本主義のためにマルクスを乗り越える』の中で展開している。しかし、いずれも処分どころか党内で注意もなかった。二人とも今回の著作で志位委員長の名前を挙げて批判した。

党首は私人ではなく公人であり、その在り方や言動が社会的評価や批判にさらされるのは当たり前のことで、共産党の党内問題ではないし他党の党首もそうである。しかし共産党は現役の党首を公然と批判した時に「除名処分」を強行するという体質を持っていることが今回改めて明らかになった。

2）党幹部が「守りたい」のは党ではなく「志位体制」ではないのか。

①志位委員長・小池書記局長などの党幹部は記者会見などで「党への攻撃にたいして、断固として党を守る行動だ」等と語ってきた。その「党」とは何を指しているのか。

私は「除名処分を決定する」という三月一五日の京都府委員会常任委員会に出席した。その時、私は「貴方がたと意見は違うが、継続して話し合いを続け、一致点を見出すようにしましょう」「統一地方選挙を前に松竹氏に続いて私・鈴木元まで除名処分にすれば、党は混乱し『赤旗』読者・支持者は減り選挙になりませんよ。止めておきなさい」と忠告した。しかし私の忠告を聞かず除名処分を強行した。その結果、どうなったか。党内は混乱し、選挙で多くの党員の足が止まった。そして有権者規模では多くの支持者の心が共産党から離れ大量減紙となった。つまり「党を守る」どころか、党は大きく傷つき選挙での後退が予想される危険を招いた。
②私・鈴木元を除名処分すれば、そうした事が起こりうることは志位委員長も小池書記局長などの指導部も予測していたと思う。にもかかわらず強行した。なぜか、党が傷つき後退することよりも志位委員長体制を守ることを上に置いたからである。

第二次世界大戦の末期、当時の支配者はポツダム宣言を受け入れず「国体護持」つまり天皇制の維持のために、その保障を求め沖縄を「捨て石」にし、東京をはじめ全国の都市への空爆を放置し、広島・長崎への原爆投下があっても戦争を続けた。つまり日本国民の犠牲よりも天皇の地位の保障を求めたのである。

今回の松竹・鈴木の除名処分強行も、党が傷つき後退しても志位体制を守ることを優先した誤った行動であった。日々の「赤旗」報道が示すように、選挙での後退の危険は必至となりつつある。何という悲劇か。

3）突然、市田副委員長、穀田恵二国対委員長が私・鈴木を口汚く批判した「闇」がある。
①市田忠義副委員長は公開されているフェイスブックにおいて私・鈴木のことを突然「俺が俺がの鈴木の哀れな末路」（二月五日市田忠義フェイスブック）と書いた。

その直前の一月二三日の常任幹部会において松竹氏と私・鈴木元を除名処分にすると確認していたので、個人的思いもあってそう表現したのであろうか。

三月六日、河合秀和京都南地区委員長の「松竹問題」についての説明会において、参加者から「鈴木はフェイスブックに色々書いているが党規約上どうなんか」と質問され、河合氏は「規約違反である」と回答している。それに対して別の人物が「それでは市田氏がフェイスブックで鈴木氏を攻撃しているが、それはどうなのか」と質問した。河合氏は「攻撃に対する防衛であり、正当防衛であり問題はない」と回答している。

私は市田氏を学生時代から知っているし、京都府委員会常任委員会で机を並べて仕事をしていた同僚であった。今日に至るまで、私はどこでも市田氏を批判したことなどない。それでなぜ正当防衛になるのか。また市田氏が副委員長という職責上私の「除名処分の理由」を述べるならまだわかるが、なんら根拠を示すことなく私を「哀れな末路」などと非難する理由はわからない。しかも、まだ除名もされていない段階であった。本人からそれこそフェイスブックで説明してもらいたい。
②ところで市田氏は中央に呼ばれて書記局長に就任して以降、立命館二部の後輩たちを次々呼び寄せ中央の要職につけた。他府県の人から見れば、明らかに京都閥・立命二部閥と言われても不思議でない状況を作った。そして本人の著書である『日本共産党の規約と党建設の教室』の「赤旗」広告に全国四七都道府県の委員長が名前を出して「私も推薦します」と書かせた。こういう市田氏の党運営は遠からず批判をされるだろう。ところで「党建設に良い本」として「赤旗」紙面の四段抜きで「四七都道府県委員長推薦」の広告が掲載され三刷まで行った本の効果は日刊紙一一九七部日曜版八二〇六部の大量減紙である、もう喜劇というしかない。
③突然「読んではいないが」と穀田国対委員長が私・鈴木を攻撃した。

4）「市田氏とその子分穀田氏」（「デイリー新潮」三月二〇日付）という報道に沈黙——もう一つの「闇」。

①三月二〇日付「デイリー新潮」の私と穀田氏に関する記事の中で「市田氏とその子分穀田氏と鈴木氏の争い」と書かれていた。今回の「事件」は共産党の今後を左右する重要なものであるが、奇異なのは「市田氏とその子

分殺田氏」という表現である。何の根拠もなく、あるいはなんらかの状況把握もなく「子分」などという表現は使わない。また、このような誹謗にもあたる表現に対しては殺田氏は厳しく抗議すべきであろう。しかし、抗議をしたと言うことを聞かない。ここに何かの鍵があるのだろう。

③ピントはずれの「松竹パンフ」報道―党の機関紙「赤旗」ではなく――般紙の報道で？

先に私は「赤旗」紙上において三月一八日以降、松竹・鈴木問題は、まったく報じられなくなっていると指摘した上で、今頃になって地区・支部に「松竹パンフ」が有料（二七〇円の買い取り）で下りてきている。どう扱うのか、支部にとっては迷惑な話であると書いた。

ところが四月五日付の「京都新聞」などの地方紙で「共産、党首公選反論の冊子　統一選へ問題収束急ぐ」との見出しで、このパンフのことを書いている。「共同通信」配信のようである。つまり「赤旗」では一切取り上げないものを共産党中央の広報部が「共同通信」に流したようである。共産党中央が「松竹パンフ」を普及したいなら、まず「赤旗」で報道し普及を促進すべきだろう。それをやらないで一般の地方紙を通じて宣伝広報するとは、一体どういうことなのだろうか、意味がわからない。なお私は、今後の反論もあるので念のために購入している。

第五章
統一地方選挙大敗を受けて共産党改革を論じる

1、前半戦の道府県議選・政令市会議選で二〇%減の大敗

1）共産党、県会議員では前々回一一一名、前回九九名、そして今回は七五名で、二四名減らした。唯一の空白議会であった愛知県は克服したが、新たに五県が県会議員のいない空白県となった（新潟・福井・静岡・福岡・熊本）。

政令市会議員では前々回一三六名、前回一一五名、そして今回は九三名で二二名減らした。つまり県会議員も政令指定都市議員のいずれも議席の約五分の一を減らした大敗であった。なお東京に次ぐ大阪で府会議員が一〇二名中二名から一名になったことを「常任幹部会声明」では「大阪での府議会を守り抜いたことも、全国の喜びとなっています」と書かれている。常識的感覚は「いよいよ一名になってしまったか」である。志位指導部の人々はゼロになることを恐れていて一名を確保したことで「ほっと」したのだろう。この人々の当落評価の基準は何処にあるのだろうか。

こうした大幅後退は地方政治における共産党の政治的後退にとどまらず、党の県財政にも大きな困難をもたらし専従体制の維持にも危機をもたらすだろう。

2）維新が躍進した選挙であったが、他党は一～二の議席を減らした程度であった。しかし共産党だけは議席の五分の一を減らし、メディアでは「ひとりまけの共産党」（J-cast ニュース）と書かれた。

私が恐れるのは過半数を維持した岸田自公政権がG７の直後に「子供対策の倍化予算」を通し衆議院解散に打って出た場合、共産党は壊滅的打撃を受け「憲法」改悪・政界の反動的再編が一気に進められることである。その

ことを恐れ、私は「共産党は今、ここで改革しなければ国政レベルで取るに足らない勢力になり日本の政治的反動的再編が行われる」として『手紙』を出版し「改革提案」を提起した。しかし志位指導部は一顧だにせず除名処分を強行し今回の事態となった。

3）私は『手紙』で今、改革しなければ共産党は国政レベルでは取るに足らない勢力になる危険があると書いてきた。衆議院議員選挙や参議院議員選挙では比例が基本なので得票減に比例して議席が減るが、地方議員選挙に関しては、党の支持は後退しても泥にまみれて活動している地方議員の実績から得票に比例して議席が後退する率は少ないだろうと書いてきた。しかし次の国政選挙をまたずして飛び越して今回の県会議員・政令市会議員では大半の県議会で議席一～二名と存続ギリギリの所まで後退してしまった。（四月一一日）

2、相も変わらない無責任とごまかしの常任幹部会声明

四月一一日、共産党常任幹部会は「前半戦の教訓を生かし、後半戦の全員当選をめざし奮闘しよう」という声明を出した。この声明は四年前の統一地方選挙の直後に発表された声明とそっくりである。

1）意味のないごまかしの得票比較をしている。

議席の減ったことを冒頭に書き、そのうえで「得票でも前回の選挙には及びませんでしたが、昨年の参議院選挙の比例得票と比較すると比較可能な選挙区で得票数で一三二・五％、得票率で一六〇％となりました」と書き「比

例得票との比較で得票を伸ばしたことは全党の皆さん、ご支援をいただいたみなさんの奮闘が反映しています」としている。異なる選挙の得票と比較しても意味がない。

明確なことは、前回統一地方選挙の県会議員選挙の得票数は二〇五万九三七二票（得票率七・五％）であり、今回は一五四万六五八六票（得票率五・八％）だということである。つまり前回地方選挙比で約五〇万票減らしたのである。

2）敗北を認めず、したがってその原因究明を行わず、前進した県の教訓とは？

四月一〇日、小池書記局長は定例記者会見において、記者から「敗北の原因は」との質問に対して「敗北したとは思っていない。前進したところもある」と答え、追及されしどろもどろになり、いつも記者会見は共産党のホームページのユーチューブで流されているが、一〇日の記者会見は流されなかった。

そして一一日の「常任幹部会の声明」では、前半戦で議席の前進を果たした高知県と長野県の県委員長に教訓を聞き、これを学んで後半戦を闘おうとしている。しかしそこで挙げている二つの教訓は特段二つの県に固有のものではない。つまり、第一に「わが党の訴えが有権者の気持ちにかみあい、間違いなく論戦をリードしたことです」、第二「折り入って作戦」を最後まで徹底してやりぬいたことです、というだけのことである。こんな教訓で前進したのなら全国で前進していただろう。

3）志位和夫幹部会委員長、渡辺京都府委員長は大幅後退したことを認め責任を取らなければならない。

敗北の要因には、党勢が後退していたこと、党員が高齢化していたことなどがあるが、それではなぜ、一九八〇年の第一五回党大会以降四三年も党勢は後退してきたのか、なぜ若者は入党しないのか、入党しても直ぐに出ていくのかについて解明し対策を立てなければならない。私は拙著で共産党の組織的体質の改善の必要性を提起している。いずれにしてもそれは今回の選挙にあたっての問題というよりも、さらに根源的な問題として対策・改善を図らなければならない問題である。しかし今回の選挙の個別の原因があり、それは次の諸点であることは明確である。

①ウクライナ情勢、中国情勢など、情勢にかみ合わない政策を打ち出し行動してきた。

共産党は選挙で後退した時、たびたび「政策が浸透したところでは支持を広げたが、十分に広げる力を確保できず後退した」と表明してきた。ところが今回は政策的提案そのもので混迷し国民の支持を広げることにはならなかった。

世界平和の最大の焦点であるロシアのウクライナ侵略に対して、私は『手紙』において「いずれの党も反対を言っているとき『共産党は反対と言っている』だけでは駄目で、ベトナム戦争時と同様に党幹部が現地に赴き日本国民と政府に具体的な支援策を提起し運動を組織しなければならない」と提起した。遅れたとはいえ岸田首相でさえウクライナに行き復興支援と医療支援を約束し実行に移しつつある。しかし共産党は訪問もせず、運動も組織せず、先進国における社会変革での討議のためにフランスなどに代表団を送るなどピント外れの行動をした。

中国が乱暴な覇権主義で台湾や尖閣諸島に挑発行動をしている時、「告示日」に選挙に関する「常任幹部会声明」ではなく、志位委員長名で岸田首相に「日中関係改善」を申し入れたことを「赤旗」一面に掲載するなど、情勢や国民の気分と合わないピント外れな言動を行ってきて国民から呆気に取られてきた。

②選挙前も選挙中も党勢の一三〇％拡大を第一にしてきたのは誤りだ。

統一地方選挙の前は、選挙を前面にして議員・予定候補者を先頭に要求実現・選挙準備のために奮闘しなくてはならない。しかし志位指導部は二〇二二年の八月以来、党勢拡大一三〇％を第一課題として取り組み、選挙活動に遅れを生じさせ活動の幅を狭めてしまった。

③そして、あろうことか党の危機を打開すべく改革を提起した松竹伸幸氏と鈴木元を乱暴・拙速に除名処分し、党内に混乱をもたらして足を止め、支持者を離反させ国民の反発を受け、「赤旗」の一三〇％拡大どころか一万部近くの大量減紙をもたらした。

これら三つは、現場で奮闘している一般党員の責任ではない。志位委員長を先頭とする指導部、とりわけ声高に強引に「松竹・鈴木」の除名処分を推進した正副委員長・書記局長・国会対策委員長等の責任は重い。また中央と府委員会は上下関係ではなく役割分担であるにもかかわらず、中央の要求に応じて全国で唯一除名処分を強行し議席を大幅に減らした渡辺京都府委員長の責任も重い。

私・鈴木元を除名決定する三月一五日の共産党京都府委員会常任委員会において、私は「貴方がたと私は意見は異なるが継続討議して一致点を見出す努力をしましょう。選挙を前に松竹氏に続いて私まで除名処分したら、党内は混乱し足が止まり、国民の支持を失い選挙にはなりませんよ。止めときなさい」と忠告した。しかし志位委員長体制になって二三年になる今年、初めての除名処分をたった三〇分余りの調査と、四五分間の弁明を聞いたふりをしただけで問答無用に強行した。

その結果、私の警告通り国民の批判を招き、京都では府会議員を一二名から九名、京都市会議員を一八名から一四名へ減らした（団長の井坂氏も落選）。そして松竹氏が属し除名を強行した南地区委員会は府会議員を二名から一名、市会議員を三名から一名に減らした。結果は明確である。

「京都新聞」の四月一〇日付一面トップの見出しには「共産牙城崩れ大幅減」と書かれた。そして三面で「党首公選制の導入などを主張した党員二人を党府委員会が除名処分した問題も沈静化せず、どう退潮傾向に歯止めをかけるかがポイントともなる」と記載された。また一一日付「京都新聞」において京都市会において共産党が一八名から一四名に減員したことと係わって、維新一一名参政党四名が合同で一五名の会派をつくり共産党は五〇年ぶりに第二会派から脱落することが報じられた。二〇二四年二月の京都市長選挙において、従来の自民対共産党ではなく維新が独自候補を擁立し「市長を取りに行く」ことを明言するなど、新しい政治局面が生まれているが、京都府委員会の選挙結果についての声明では、こうした新しい政治局面についてはなんの分析も示されないものであった。

ところで小池書記局長は四月一〇日の記者会見において「後退に除名問題はどう影響しましたか」との趣旨の質問に対して「誤解を解く努力をしたので影響はなかったと考えている」と回答している。「誤解」である訳はないが「解く努力を」をせざるを得なかったことは認めている。私の除名処分を三月一六日に「確定し」一七日の「赤旗」に掲載して以降、共産党は松竹・鈴木問題を全く報道してこなかった。それだけ「この問題を取り上げれば選挙にマイナスになる」と判断してきたのである。しかし除名処分が影響したことを認めれば、選挙を前に除名処分をしたことが誤った措置であったことを認めざるを得ないので、「影響はなかったと考えている」と表明したのであろう。そうした態度を取っている限り後半戦でも前進どころか後退は避けられないだろう。

4）後半戦に向かって——松竹・鈴木への除名を撤回し党の真の団結を図らなければならない。

志位和夫幹部会委員長、渡辺和俊京都府委員長は、後半戦に臨むにあたって松竹伸幸氏と鈴木元に謝罪し除名処分の取り消しを行うこと、党勢拡大を第一課題とし選挙をないがしろにすることを止め選挙を第一として取り組む事が求められている。そして後半戦が終わった段階で辞任し臨時執行部に後の改革を任すべきだろう。その時、私・鈴木元が『志位和夫委員長への手紙』の最終章で書いている「党改革の提案」も一つの参考にして私たちと意見交換をすべきだろう。そうしたけじめのある対応をせず居直れば、共産党の危機はとんでもない事態になると憂慮する。

今回の選挙で地方議員においても「改憲志向党派」がさらに増えた。自公政権はG7の後、一気に衆議院解散に持ち込み、さらに議席を増やし改憲への道を歩む危険が増している。志位指導部は早急に誤りを正さなくてはならない。でなければ、憲法改悪・政界の反動的再編が一気に進む危険がある。今後の我が国のあり方とかかわって起死回生の新たな前進を図るために、「松竹・鈴木」に謝罪し除名処分を取り消して党改革へ進む必要があるだろう。

二〇二一年総選挙総括で書いたが、共産党は二〇二一年総選挙について「日本共産党は戦後初めて政権の一翼を担う可能性が生まれました。これに危機感を持った政権勢力に一部メディアも加わって……日本共産党を攻撃し後退を余儀なくされました」としているが、政権交代の可能性などという状況ではなかった。こうした主観的情勢判断に基づいて「反共包囲網」などという間違った認識でマスコミなどを攻撃し自ら社会的孤立を招いてきた。

一連の選挙結果での共産党の急激な後退によって、憲法改悪・政界の反動的再編が一気に進む危険性が高い。ただそれを黙って見守っている訳には行かないだろう。後半戦が終わって選挙結果が明確になった以降、総選挙に向けて憲法改悪・政界の反動的再編を進めようとする反動連合に対抗する革新・共同の統一勢力を結集する声をあげなければならなくなるだろう。

選挙の敗北を認めず、意味のない抗弁をしている限り共産党の再生はありえず、さらなる後退は必至である。

5）後退をめぐって他にいくつかの問題を論じておく。

①志位委員長体制になって二三年目で初めての「除名処分」、全国で唯一「除名処分」を強行したのが渡辺京都府委員長である。彼は「鈴木はウソを言っている」とあちこちで吹聴している。

京都のあちこちの党組織から渡辺委員長が呼ばれ「鈴木の除名処分について」説明して回っている。そこでは様々な批判や反論が出され、渡辺氏は説得に成功せず「意見は中央に報告します」などと対応している。その中で「しかし鈴木氏はウソをついていますよ。彼は中央に意見や質問をあげたが返事がなかったなどと言っていますす。しかし彼が六月五日に志位委員長あてに送った文書に中央は二週間後の六月一七日に回答しています。回答がなかったはウソです」と吹聴している。この問題については私は既に三月一五日に京都府委員会常任委員会において文書で解明しているし、このフェイスブックの中でも書いてきたので省略する。ただ統一地方選挙前半戦で大敗北しながら、まともな総括も責任もあきらかにせず、後半戦を前にこのようなデタラメな言説をふり撒いているようでは後半戦での後退・敗北も必至だろうということだけ言っておく。

②共産党は事あるたびに「除名騒ぎ」を起こしているように思っている人がいる。しかし志位氏が委員長に就任した二〇〇〇年以降二三年になるが、破廉恥罪などを別にして政治的除名処分は今回の松竹・鈴木への除名が初めてなのである。最高の処分である除名処分はそれだけ重いのである。今回、理由にならない理由をいくつかあげているが、いずれもこじつけ的なものである。公選制など党首の在り方は党内問題ではなく広く社会的・政治

的問題であり他党でもそうである。それを主張したから除名にするというやり方は到底国民を納得させられるものではない。これらについては既に述べているので省略する。結局のところ松竹氏も私・鈴木元も志位氏のやり方を名指しで批判したことに尽きる。「いやそうではない、こういう正当な理由がある」というなら志位氏も渡辺氏も私と公開討論をやればいい。私は何時でもどこでも受けて立つと書いてきたが、未だに申し入れはない。

③全国で多くの人がツイッターやフェイスブック、ブログで公然と志位氏を批判している。しかし除名処分は京都府委員会だけである。松竹氏・鈴木の除名処分を言いだしたのは志位氏であり一月二三日の常任幹部会で除名処分の方向を確認している（本部で配られている常任幹部会メモ）。しかし松竹氏は京都南地区の経営支部に属していたし、私は京都府委員会の直属であった。細かいことは省略するが京都府委員会が対応しなければ除名は不可能であった。

④深刻な立候補自体の減少（マイナス一二五名）、大敗北の原因となった「除名問題」の正しい解決を！

前回（二〇一九年）の後半戦には一一六七名が立候補し一〇〇一名が当選した。私は立候補そのものが五〇名から一〇〇名減り、闘う前に敗北が明らかになるのではないかとの予測を書いてきた。実際、今回の後半戦では、一〇四二名の立候補にとどまった。つまり立候補者自体が前回と比べて一二五名も減ったのである。志位氏は公示後の最初の記者会見で「一〇〇一名の全員当選を勝ち取る」と語っていた。しかし前半戦で五分の一減ったのである。大敗北をもたらした大きな理由である「鈴木・松竹除名処分」にたいして何の反省も示していない状況では、前回の一〇〇一名どころか、私の予測では少なく見積もって一〇〇名から二〇〇名は落選し前半戦に続く大敗北となるだろう。こんな時に渡辺京都府委員長の「鈴木はウソをついている」等のでたらめな抗弁は何の意味もないし、後退に拍車をかけるだけだろう。前半戦に続いて後半戦でも後退したとき、志位氏や渡辺氏がまたもや敗北も認めず責任も明確にしなければ、党はさらに自壊して行くだろう。既に指摘しているように党が傷つき、後退しても自分達の地位を守るだけに汲々とすることは絶対に許されない。

私は繰り返して言っているが、一度の選挙で敗れたら責任を取って辞めるべきだと言っているのではない。最近だけでも二一年の衆議院選挙、二二年の参議院選挙、二三年の統一地方選挙と連続して、議員数でも得票数でも後退させ、度重なる「特別期間」の設定にもかかわらず党勢力を限りなく後退させてきたのであるから責任を取って辞めるべきと言っているのである。新しい人に代わったからと言って簡単に前進するなどとは思っていない。しかし、権限には責任が伴うのだから、けじめをつけなければならない。それをあいまいにしていると腐敗が起こる。志位委員長は辞任し普通の中央委員に、渡辺氏は普通の府委員になればいいのである。それが嫌なら一市民となって働けばいいのである。それが世間の常識である。共産党の委員長は保障された地位ではないのである。

さて前半戦で後退したことについて私は四月一一日付のフェイスブックで地方政治における共産党の後退だけではなく、党の財政にも打撃となり専従職員の維持も困難になるだろうと書いた。ここで総選挙となれば供託金（一人あたり三〇〇万円）の確保も困難となり総選挙も闘う前に敗北する事態となり壊滅的な後退をする危険がある。もうほとんど「解党的出直し」をしなければならなくなる。「どうする家康」ではないが「どうする志位・渡辺」という事態である。今や二三日の投票の結果は見えているが、選挙結果と常任幹部会声明を踏まえ改めて提起する。（四月二二日）

3、後半戦でも大後退した結果を受けて

1）統一地方選挙後半戦（四月二三日投票）の結果がほぼ明らかになった。共産党は東京区会議員でマイナス一四名、一般市会議員マイナス五五名、町村会議員マイナス二三名となった。

「東京新聞」の二五日付では共産党は東京区会議員で前回の一〇三からマイナス一四名で九四名に、一般市会議員では前回の六一五からマイナス五五名で五六〇名に、町村会議員は「東京新聞」には掲載されていないので「声明」によると前回二七八からマイナス二三名で二五五名。合計九一名を減らし、九〇九名となった。

私は事前に候補者数そのものが前回（二〇一九年）から五〇から一〇〇名ぐらい減るのではないかと推察し書いた。結果は一一六七名から一〇四二名へ一二五名減って闘った。そして落選者は少なくとも一〇〇名から二〇〇名ぐらいになるのではないかと書いた。結果は立候補者数が一〇四二名、当選者数は九〇九名で一三三名が落選した。いずれも私の予測はほぼ当たった。そして議席についても九一名減となり、もう少しで八〇〇台になる所であった。

岸田政権に対する支持率は多少上がっているものの政権与党である自・公に対する批判は厳しく、東京区会議員と一般市会議員では（町村議員の党派別当落は、まだ手に入っていない）自民党は九四五名からマイナス一八名で九二七名、公明党は一〇五一名からマイナス二八名で一〇二三名、両党ともに多少の減となった。それに対して岸田政権への批判勢力として闘った立憲民主は二六九名からプラス八〇名で三四九名（この間の政党再編成が反映しているので旧民主党系の立憲・国民・社民党を併せると、ほぼ現状維持ではないか）。そして維新は五九名からプラス一四二名で二〇一名へ大躍進した。岸田政権にすり寄って立場が不鮮明であった国民は一〇七

名からマイナス二〇名で八七名になった。前回には存在しなかったれいわ新選組が三九名、参政党が八〇名獲得した。そして共産党は七一八名から六五三名へとマイナス六五議席だった（ここには党派別町村議員の増減は含めていない）。

2）「常任幹部会声明」では敗因を反共包囲網と地力後退のみにし、自らの方針の誤りについて触れていない。「声明」では敗因を野党共闘の前進の前に恐怖を感じた支配勢力による反共包囲網とロシアのウクライナ侵略による二重の逆流を押し返す一局面であるとするとともに、地力を回復できず闘ったとして「来年一月の次期党大会に向けて一三〇％をやり遂げよう」と提起している。ここにはこの選挙戦を闘った志位指導部の誤りや反省は皆無である。これでどうして、予想される衆議院解散・総選挙にあたって全党を結束できるのだろうか。

①反共包囲網とロシアのウクライナ侵略による「二重の逆流」と言う誤った情勢認識

志位委員長らは二〇二一年総選挙に関して「戦後歴史上初めて共産党がかかわった政権ができる可能性があった。これに驚き危機意識を持った支配勢力は反共包囲網を築いた」と語ってきた。しかしこれは志位氏の野党共闘に対する過剰な期待によるものであり、「自分は不破哲三そして宮本顕治を超えて初めて共産党がかかわった政権樹立とその政権に参加できるかもしれない」との個人的願望（妄想）も反映した判断であった。しかし共産党もかかわった政権ができる可能性などは全く無かったし立憲民主党も共産党も議席を大幅に減らした選挙であった。

総選挙の直後の記者会見で田村副委員長は「政権交代を言えば言うほど有権者は退いていったと感じた」と述べたが、あくる日のツィターでは消されていた。こうした誤った情勢認識がさらに「こうした流れを押しとどめるためにマスコミも巻き込んだ反共包囲網」という妄想を生み、共産党に対する正当な批判や苦言に対しても「悪意の報道」とか「反共攻撃」とか毒づき自ら孤立していった。

ロシアのウクライナ侵略は絶対に許されない。しかし全ての党が反対の意思を示している時、共産党が独自性を発揮しようとすればアメリカのベトナム侵略の時と同様に現地に赴き激励・支援行動を組織しなければならない。公明党の代表団に続き自民党は岸田首相自らがウクライナに赴き復興と医療の支援を約束し実行しつつある。それに対して共産党は現地へ行きもせず本格的な支援行動も組織しなかった。中国はロシアのウクライナ侵略に抗議せず大規模な経済的支援を続け、台湾・尖閣へ挑発行動をしている。その今という時に「日中の関係改善を提起する」（統一地方選告示日の志位氏の申し入れ）という行動こそが「共産党はロシアや中国に対して断固とした行動をとらないのでは」との世論を作った。

②選挙前も選挙中も党勢の一三〇％拡大を第一にした誤り

何度も言っているように、志位指導部は党勢拡大の「月間方式」のくり返しで疲れ果てている党組織に対して、二〇二二年八月以来「特別月間」を提起し失敗したにもかかわらず、二〇二三年一月五日の七中総において選挙前も選挙中も「一三〇％の党勢拡大」を第一課題とした。その結果、選挙の準備は遅れ、活動の幅も狭めてしまった。そして党勢拡大において三月末に一万部もの減紙をもたらした。多分四月末も大幅な減紙が出ることが予測される。この誤りを認め是正しない限り、次期総選挙でもいびつで狭い活動になり党活動は一層困難になり総選挙での後退は必至だろう。

③選挙前に理不尽で拙速・乱暴な松竹・鈴木に対する除名処分

統一地方選挙直前の二月六日に松竹伸幸氏の除名処分を行い、三月一六日に鈴木元の除名処分を行った。

二〇〇〇年に志位委員長体制が出来て以来、破廉恥罪などを除いての政治的理由での除名処分は初めてのことであった。処分理由は色々書いてあるが結局のところいずれも、志位氏のやり方にたいして公然と批判し、改革の方向を提起した事に対するものであった。この公然たる批判を志位指導部は許せなかったのである。それに対してマスコミ（国民世論も反映）などが「異論を封じる」措置として疑問を呈したことにたいして「異論を述べたから除名したのではない、党内ではなく党外から共産党を攻撃したからだ」「悪意の報道」とか「反共攻撃」と言ってマスコミも攻撃し孤立を招いた。

松竹氏処分だけでも国民的疑問が広がったのに一か月後、鈴木まで除名処分を強行したことにより「党内は混乱し」「選挙への足が止まり」「支持者は離反した」。その結果、統一地方選の前半戦では五分の一の議席を失う大敗北を喫した。しかしそのことに反省を示すことなく後半戦に突入し再び大量落選者を招いてしまった。

3）四月一〇日の小池書記局長や四月一二日の穀田国対委員長の記者会見において、両名は記者から「後退の原因として松竹・鈴木の除名処分の影響については」と聞かれたさい「影響は無い」と断じた。しかし「声明」では「共産党は異論を認めない政党との反共攻撃が、マスコミも利用して大々的に行われました」と記述し、会見とは裏腹に認めているのである。そしてこの問題について謝罪も取り消しも行わず開き直っているのだから、除名問題は引き続き「くすぶり」共産党の内部に「混乱」が拡大することはあっても、時間とともに収まっていく可能性はなく、支持者の共産党離れは続くことになるだろう。志位指導部は共産党に民主主義がないこと、民主主義を実践するつもりがないことを日々見せているのだ。そんなことでどうして近づく総選挙を攻勢的に闘えるのだろうか。根本的見直しを行わない限り共産党の自壊は進むだろう。

こうした誤りについて「声明」は一言も触れず、引き続き責任も明らかにしていない。これで誰が付いていくのだろう。ところで松竹氏を除名処分した共産党京都府委員会と南地区委員会の文書では、規約上処分は本人が所属する組織（松竹氏の場合は経営支部）が行い南地区が承認することになっているが、特殊事情（既にマスコミなどで報道されている）により支部ではなく南地区で行った。このことについては「事前に支部の了解を得ている」と記している。しかし「支部としてはそのような了解をしたことは無いと、南地区に抗議し、その項を削るように」申し入れているが未だに対応されていない。また「かもがわ出版」の代表が南地区にたいして「同じ時期に、同じテーマの本を出したことは、販売促進と言う観点から、褒められこそすれ批判されるものではない。ましてや分派活動などということは絶対に認められない」と抗議している。（四月二七日）

4、今後の政局展望と共産党が行うべき活動

1）自民党・公明党は微減にとどまり、内閣支持率は持ち直した。そして五月に岸田首相が議長を務めるG７が日本・広島で開催される。したがって野党が体制を作れないうちに解散・総選挙に打って出る可能性もある。

勢いに乗っている維新は早くも「次期総選挙では野党第一党を目指す」と宣言し「候補者公募」を打ち出した。維新は自民党にたいして既得権益打破を主張し「身を切る改革」として大阪の府・市会で「歳費の引き下げ・議員定数削減」を行い「大阪で高校学費無料化を実現した庶民の政党」としての打ち出しに成功した点をきちんと見なければならない。この間の選挙でも示されたように、自公政権の閉塞を破り改革を実現している維新の公募には若者・新人のキャッチフレーズでそれなりに力量のある若者が大量に応募するだろう。それに対して共産党

は党首公選制程度の党改革も行わないどころか、それを主張した松竹氏や鈴木を党規約違反として除名処分したのだから国民的反発を買って当然である。

今後の政界では自公連合にたいして、維新・国民・参政連合の構図が作られ共産党は「カヤの外」に置かれる危険性が高い。首長選挙でも自公対維新・国民・参政の構図が作られるだろう。「声明」では「本格的野党共闘の構築が必要である」としているが、「異論」を表明すれば即除名とする非民主的な政党と誰が共闘するのか。まず自らの誤りを正さないかぎり誰も相手にはしない。それを「共闘の意思が無い」などと批判すれば猶更のことである。

2）総選挙へ向けて――このままでは大変危険である。除名撤回、共産党指導部の交代が不可欠である。

「声明」の大きな欠陥は、来るべき総選挙への危機感が欠如していることである。自らの欠陥・誤りと真摯に向き合い是正する方向を国民に示さないで総選挙に突入すれば議席は大幅に減り、国政レベルでは全くとるにたらない勢力に落ち込む危険があることを認めていないことである。ここが根本問題である、それを前提に重複するが改めて三つのことを提起する。

①党が混乱し、傷つき、有権者から大きく批判された「松竹・鈴木除名処分」について撤回し、謝罪し名誉を回復することである。そして、執行部交代も含め、大胆で民主的な党改革を開始すべき時である。これを実行しない限り共産党が信頼をとりもどすことは無いだろう。

②憲法擁護・反戦平和の取り組みにおいて全力をあげなくてはならない。侵略戦争反対という観点からウクライナへの支援の取り組みの強化、中国・北朝鮮の挑発に対しても毅然とした対応を求める。そして全面的に平和・

護憲運動の強化を進める。排除の論理をやめ、あらゆる傾向の人々と共に歩む態度をつらぬくべきである。私は京都洛西ニュータウンにおいて「九条の会」とも連携し平和創造のために「洛西平和ネット」（二〇〇名余り）の代表委員も務めている。「除名されたような反党分子の潜入を許すな」などもってのほかである。共産党だけが平和を主張して行動しているなどと思うことは余りにも傲岸不遜である。

③共産党は総選挙に向けて議員を先頭に要求実現の大衆闘争を泥臭く取り組むことを第一の課題にしながら総選挙準備の独自活動を強めるべきだろう。そして拙著『志位委員長への手紙』で書いたように、いったん「党勢拡大」を第一とする活動は保留し国民の護民官としての活動に徹し党員が誇りを持って活動できるようにすることである。

5、コミンテルン以来の民主集中制をやめる以外に共産党の再生は無い

先に私は志位委員長が全党員参加の党首公選制を述べた松竹・鈴木除名処分をしたことや、選挙で負けても党勢拡大に失敗し後退しても責任を取らない点を批判した。そのコメントの中で、私は志位氏の経歴から来る個人的資質についても書いた。しかし志位氏でなく他の誰かが委員長に就任すればこのような事は起こらず、責任者が辞任したり党内選挙によって解任されたりするのだろうか？　先に結論を言って申し訳ないが現行規約の民主集中制を続ける限りそのような事は起こりえないと考える。

全党員参加の党首公選制は特別なことではなく日本共産党と公明党以外の党は採用している。それを拒絶し、提案した松竹氏や鈴木を乱暴に除名処分するのは、一度握った党首の座は絶対離さず事実上の「党首終身制」を

貫いているからである。なぜそのようなことが可能なのか、その点について解明する事が必要である。

1）日本共産党はレーニンが創設したコミンテルン（世界共産党）の日本支部として創設された。

コミンテルンに加入するには、加入条件として定められた二一か条の承認が必要であった。その中心は、革命論としては「暴力革命」。組織論としてはコミンテルン傘下の「民主集中制」。党名としては共産党などと決められていた。戦後日本社会が主権在民、普通選挙を基礎とした国会を国権の最高機関として位置づける中で、日本共産党は「暴力革命」ではなく選挙を通じて国民の多数とともに一歩一歩社会を変えていくという「平和革命論」に発展させ今日に至っている。しかし組織運営の原則として民主集中制を貫くことについては変更されなかった。

一九七五年、叙述家・立花隆氏は「文芸春秋」に「日本共産党の研究」の連載を開始した。この論文をはじめ立花氏は「暴力革命と民主集中制、共産党という名前は三位一体であり、共産党が民主集中制を放棄しない限り、暴力革命を放棄したのは信用出来ない」という趣旨の論を展開していた。これは無理な議論であった。日本共産党は第七回党大会以来「平和革命論」を正式に党大会で決定し追求しその精緻化を図り、その都度党大会で決定していた。しかし民主集中制の起源は、専制国家ロシアにおいて少数者による武装蜂起によってどのようにしてツァーリを倒し権力を握るか、それにふさわしい党の在り方はどうあるべかとレーニンが追求した中で編み出した組織論であった。

レーニンのロシア共産党、そして彼が創設したコミンテルンが貫いた党のあり方は「職業革命家」を中心とした民主集中制を組織原則とし機関紙中心、少数は多数に下級は上級に従う党運営、決定は無条件実践などを特色としていた。したがって現在の日本においては適切ではない党運営であり脱皮しなければならなかったが、それをしてこなかった。

2）日本共産党は民主集中制として、党規約第三条において五つの柱を書いている。
「党は……民主集中制を組織の原則とする。その基本は次のとおりである。
一、党の意思決定は、民主的な議論をつくし、最終的には多数決で決める。
二、決定されたことは、みんなでその実行にあたる。行動の統一は、国民に対する公党としての責任である。
三、すべての指導機関は選挙によって作られる。
四、党内に派閥・分派は作らない。
五、意見がちがうことによって、組織的な排除をおこなってはならない。」
不破哲三氏は二〇〇〇年の第二二回党大会における規約改定の報告において「これが新しい改定案にしめされた民主集中制の五つの柱であります」とした。しかし、この五つの柱は民主集中制ではない。他の党や団体でも採用されている組織の民主的運営の原則である。ただ第四項の「派閥・分派はつくらない」だけは自民党などでは認められているが共産党では認められていない。自民党など党内での派閥を認めている党は派閥として一定の政治目標を定め公表している。誰が派閥構成員かを明らかにし、定期的に会議を開き、ある場合には定期的に機関紙を発行している。日本共産党において、そのような派閥・分派が構成されたのは一九六四年の部分核停条約の時に志賀義雄、鈴木市蔵等による「日本のこえ」ぐらいである。

共産党の規約ならびに大会決定においても「何が分派なのか」「なにが派閥か」の規定はなく、実際のところその時の指導部が分派だと言えば分派になり処分の対象となってきた。第一、三、五項は書いてあるだけで実際には、まともに実践されていない。初めて地区党会議等に参加した人が驚くのは、地区党会議において地区委員会から提案された議案に対して異論を述べる人がおらず、満場一致で採択されることである。党の綱領と規約を認めて入っても出身階層・成育歴・社会的地位・収入に差がある党員の間では個々の方針・政策に意見の違いがあって当然である。しかしほとんどの会議では異論・反論・批判は出ず満場一致で採択されている。そして役員選挙では大概の場合、現在の地区委員会が推薦した名簿が唯一で立候補者はおらず、事実上の信任投票（候補者の名前の上に○×をつける）が行われている。そして「五、意見がちがうことによって、組織的な排除をおこなってはならない」は、除名する時に「意見の違いで排除したのではない」ことの言い訳をするための文言であり、実際には第一項の多数決制を実行せず、異論者を排除し満場一致としてきた。その点、自民党は派閥の存在を認め党内で公然と論争することによって活力を引き出している。

3）読み取れないところにレーニン流の民主集中制がある。

ところで先の第三条の五つの柱の中には、日本共産党がコミンテルンの支部であった当時から引き継ぎ、他の党と根本的に異なる民主集中制の根幹は明記されていない。それは以下の諸点である。何年間か党に属してきた人は断片的には気づかれていることである。

共産党は①給与が党から支給されている常勤活動家（昔の言葉で言えば「職業革命家」）を核とした党組織であり、②党役員の選挙は実質的には行われず、役員の任期も定年も無く、屋上屋《おくじょうおく》を重ねた組織で下からの意見や批判が生きない組織運営になっている。③所属組織（支部・地区・県等）が異なる党員は例え夫婦であっても意見交換は禁じられている。④党の所属組織から地区・県を通じてしか意見は挙げられず横断的に意見を組織した場合は分派として処分される。上の組織へ意見を挙げる権利はあるが、挙げられた側には回答する義務は無い。このような状態の下、⑤最高決議機関である党大会の代議員の七割を超える部分が党から給与が保障されている専従活動家によって占められ、かつ一割の少数意見は九割の多数派によって代議員には選ばれず党大会代議員は基本的に一〇〇%執行部の方針に賛成する人によって占められる仕組みになっていて、一部例外を除いて満場一致が常態化している。そして地区委員会、都道府県委員会、中央委員会、幹部会、常任幹部会と屋上屋を重ねた組織のために執行部批判は党運営に反映しない仕組みになっている。⑥党運営の核となっている三役（志位和夫委員長・副委員長・書記局）は前党大会の常任幹部会（委員長・志位和夫）が推薦し新しい中央委員会で了承を得る。そのうえで新三役が常任幹部会員・幹部会員を推薦し了承を得るという仕組みを取っている。しかも不破氏や志位氏が最初に書記局長に就任したのは宮本委員長による後継者指名によってなされた。そして定年制も、任期制もなく事実上「終身幹部」制度が行われ、宮本・不破・志位のいずれも三〇年単位で最高責任者を務めてきた。こうした組織では、いくら選挙に敗れてもいくら党勢が後退しても本人が自ら辞めないかぎり続くことになる。

なお手元に党勢（党員・赤旗読者）の資料があったので、一例として記載しておく。

二〇一〇年一月（第二五回党大会）党員四〇万六〇〇〇人、読者一四五万四〇〇〇人
二〇一四年一月（第二六回党大会）党員三〇万五〇〇〇人、読者一二四万一〇〇〇人
二〇一七年一月（第二七回党大会）党員三〇万人、読者一一三万人
二〇二〇年一月（第二八回党大会）党員二七万人、読者一〇〇万人
二〇二二年九月（党創立一〇〇年）党員二六万人　読者九〇万人

二〇二三年五月　　党員二五万人　読者八五万七〇〇〇人

4）日本共産党は中国共産党より非民主的である。

中国共産党は毛沢東の個人独裁によって、彼の思いつきによる「大躍進運動」によって四〇〇〇万人もの餓死者を出したし、「文化大革命」による武装闘争で一〇〇〇万人の死者を出した。毛沢東の死によって文化大革命は中止となり。党と国家の正常な運営に足を踏み出した。中央委員選挙の実質化、党運営における集団主義によって個人独裁を防ぐことを考え、それでも長期権力は腐敗するとの歴史の教訓から、①定年制そして任期制を定めた。また、②中央委員は党大会で選出されるが、定数（例えば二〇〇名）より多い二一九名の名簿が提出され、全代議員による秘密投票で票数の多い順から二〇〇名までが当選し一九名は落選する仕組みとして今日に至っている。また習近平氏が二期目になるまでは③定年制（選出時六八歳ま）と任期制（二期一〇年）が維持された。しかし二期目になるにあたって定年制、任期制が事実上廃止された。

この事態に対して、世界の世論は「習近平氏は毛沢東化する危険がある」と論じた。しかし日本共産党だけは批判しなかった、なぜなら日本共産党は中央委員の実質的選挙を行っておらず、定年制も任期制も実施していないからである。定年制については委員長を志位氏に譲った不破氏は九三歳になった今も常任幹部会員として全党の理論活動の指導者として座っている。任期制についても、志位氏は二〇〇〇年に幹部会委員長に就任して以来二三年も委員長にとどまっている。中央委員は全員党中央から給与が支給される専従活動家である。そして県委員長も全員中央委員であり中央から給与が支給されている。その給与は県の他の常任委員の一・三倍から一・五倍の額が支給されている。

国会議員は例外（衆議院の赤嶺氏、参議院の倉林・吉良・山添氏）を除き、比例区で当選した人達である。衆議院では当選は中央委員会が決めた順位で当選が決まる。トップに位置付けられた人は何もしなくても当選し下位に位置付けられた人はどんなに頑張っても当選しない。参議院はその制度がないので中央が当選させたい人の地域割りを大きくしている。こうした体制の下で中央委員や都道府県委員長、国会議員が志位指導部を批判しその辞任を求めることはありえない。自らの解任を覚悟しなければ出来ない仕組みになっている。監査委員会ならびに規律委員会（昔の統制委員会を改組したもの）は、党大会で選ばれ、中央委員会から独立・対等の組織でなければならない。本来中央委員会も対象であるが、「赤旗」編集局と同様に中央委員会（常任幹部会）の任命制となっている。これでは中央委員会をチェックする機関は無いに等しい。こうして一度委員長に就任すると年月が経過するにしたがって独裁的傾向が強くなっていく。

5）トロツキーのレーニン批判を見る。

ところでロシア共産党（当時は社会民主党と名乗っていた）の在り方を論議した一九〇三年の第二回党大会において有名なレーニンとマルトフの論争がある。マルトフはドイツ社会民主党を模範とした大衆的な党を提起した。それに対してレーニンは職業革命家による党を説いた。つまり職業革命家を中心とした少数精鋭者による武装蜂起でツァーリ体制を倒そうとしたのである。当時のロシアの事情からはレーニンの提案の方が妥当であったろう。しかし彼が一九一九年にコミンテルンを結成するにあたって「少数者による武装蜂起による暴力革命」「職業革命家による鉄の規律による党運営を行う民主集中制」を絶対的命題とした事は、専制的国家ロシアでは成り立っても、民主主義的政治制度が確立されている先進国には適用できない誤った方針であった。この時の論争ではレーニンとマルトフのことしか紹介されてこなかった。

一九〇三年の第二回大会の時トロツキーは党が分裂することを防ぐために両者の調整に入った。これに対してレーニンのボルシェビキは長くトロツキーのことを日和見主義者メンシェビキとの「調停主義者」と蔑視的レッテルを貼ってきた。トロツキーは党の分裂を避けるために調整に走り失敗しその後は長くどちらにも属さないで独自活動をつづけた。なおこの時レーニンの党規約案は過半数の支持を得られず否決された。しかしレーニンたちは自分たちのことをボルシェビキ（多数派）と自称し、マルトフ等のことをメルシェビキ（少数派）と呼んでいた。

実はこの時、トロツキーはレーニンの民主集中制については厳しく批判していた。党大会の次の年である一九〇四年に執筆し一九〇五年に出版した本がある。『我々の政治的課題——戦術上および組織上の諸問題』である。スターリン時代のソビエトでは発禁の書となっていた。ゴルバチョフ時代になり出版の自由が大幅に認められ歴史の見直しが始まり、この本も出版された。日本でも大村書店から一九九〇年に出版された。ソ連崩壊直前のことである。私はマルクス主義、ロシア革命の見直し作業を行う中でこの本の存在を知り取り寄せて読んだ。わずか二三歳の青年が書いた本であり、ロシアの実情を踏まえた本という点では極めて観念的な論の展開が多く、私は彼が展開している論の全てに賛意を持つものではない。しかし彼が展開した民主集中制についての批判、特に「代行主義」という考えには共感するし、僅か二三歳の青年が書いたという点では、天才的ひらめきというか、物事の本質を見抜く鋭い批判精神に驚かされた。

彼の説いた「代行主義」とは、職業革命家中心の党は労働者階級の意思を代表するということで労働者（国民）の代行者となり、その党では党を代表する指導機関としての中央委員会が全党を代行する。そして中央委員会を代表する幹部会が中央を代行し委員長（書記長）が幹部会を代行する。こうして委員長（書記長）による独裁的運営となっていくと論じたのである。そして実際、職業革命家を核として民主集中制を採用した世界中の共産党において「代表者」は専制的な終身指導者となっていった。例外は無い。レーニンが作った「職業革命家を核とし民主集中制」の党運営が駄目なのである。この仕組みを辞めない限り日本共産党の再生は無いだろう。

ところで『志位和夫委員長へ手紙』で紹介したが、日本共産党が採用している民主集中制について一九七〇年代後期から一九八〇年代前期にかけてマルクス主義的政治学者であった藤井一行氏、田口富久治氏、加藤哲郎氏等が批判していた。今から四〇年も前の事である。まさに先駆的なことであった。しかし当時、不破哲三書記局長（当時）等が「赤旗」や『前衛』などで彼らを徹底して批判し社会的に葬った。本当は彼らの意見も聞き、開かれた討論を行って先進国に応じた党のあり方への改革を進めるべきであったが排斥した。その結果、先進国には合わないレーニン型・コミンテルン型の党運営・民主集中制が継続され党は硬直し衰退への道を歩むことになった。今回の三年連続の選挙における敗北を党改革の機会とし、新たな改革の道を進むべきであろう。

この民主集中制について自由な討議と「全員一致」について、京都橘大学名誉教授の碓井敏正氏が近著『日本共産党への提言――組織改革のすすめ』（花伝社）において単に政党の組織論として述べるのではなく経営組織を含めて一定規模以上の組織が陥る問題について述べられていて視野を広げさせられる。その中で一つだけ例を上げておく。

P・F・ドラッカーは経営学的観点から、企業の意思決定における第一法則として「意見の対立を見ないときには決定を行わないこと」を上げている。その理由は意見の対立を促すことによって、不完全で間違った意見によって騙されることを防ぐためである、という。安易な全員一致の決定ほど無内容で危ないものであることを経営者は良く知っているからである。特に同調圧力の強い日本においては注意が必要である。

二〇二三年五月一〇日、発売された雑誌「文藝春秋」六月号に私への単独インタビューが一〇ページの分量で掲載された。除名後に社会的な出版物で意見表明するのは三月一六日に除名されたあくる日の一七日に東京で記者会見し、あくる一八日の各紙で報道されて以来のことである。

編集者が原稿の冒頭につけたタイトルは読み手を引き付けるために「志位和夫は習近平以下だ」と多少刺激的になっているが、内容は私が語ったことをきちんと正確に報道してくれている。これまでにフェイスブックに書いてきたこと、先日の民主集中制批判と併せて読んでいただければ幸いである。

私が共産党とともにどのように闘ってきたか、そして今回の除名などをめぐって共産党の対応について多少歴史的に記述した。自分で言うのもなんだが、独立した読み物として成り立っていると思う。

金曜日に志位氏の記者会見があるそうだが、どういう対応をするのか注目している。松竹氏も除名後に、「文藝春秋」に登場したが、その時は斎藤幸平氏との対談であったしマルクス主義解釈などに大きなペースが取られ、必ずしも共産党批判に大きなスペースが取られたわけではなかった。しかし今回は文字通り私の単独インタビューであったし、現在の共産党の運営にズバリ切り込む内容になっている。志位氏が松竹氏のさいに取ったように無視の態度を取れば党内守旧派から突き上げを食らうし、私に対して再び名指しの批判を行えば党内外から「またか」という批判を免れないだろう。「どうする志位委員長」という状況だろう。(五月七日)

6、よくわからない八中総の延期理由

1）二〇二三年五月一三日、「赤旗」日刊紙の二面に、ほんの小さな記事として第八回中央委員会総会の延期が報じられた。その理由として「国会開催日程との関係で困難になった」としている。しかし国会は前から決まっていることであり「国会で特段新たな事態が起こり開催が困難になった」ことは無い。そして延期の時期は「主要七か国首脳会議後の政治情勢の展開も見極めて、六月中旬以降の適当な時期に再度招集します」と記されている。しかしG７の開催も前から決まっていることである。しかもG７後の六月中旬には解散総選挙も予測されており、それこそ中央委員会総会の開催は困難な時期であると予測される。なぜその時期に延長するのかもわからない。

2）一三日に起こった「政治事件」と言えば、立憲の泉代表が記者会見において「維新と手をきる」と宣言し「単独で一五〇議席以上を確保する」「出来ない場合は党首を辞任する」と語ったことである。常識的に言って共産党としては市民連合などと協力して野党連合の再構築を目指して行動することになるだろう。その場合、共闘すれば勝利の可能性のある選挙区で候補者調整して闘うことを提案するだろう。しかし今のところ立憲が共産と対等平等の候補者調整に臨むことは予測されず、共産党に一方的に候補者の取り下げを求める危険が高い。それでも志位指導部にとっては「市民と野党の共闘が実現」との政治的プレーにはなるだろう。そして供託金の確保も困難な共産党にとっては、それも「メリットになる」だろう。共産党が地力をつけて再生していくという点で本当にそれでいいのか深い検討が必要だろう。

3）しかし泉氏の発言を受けて野党連合への働きかけを行うことと「八中総の延期」とは直接には関係ない。そういう方向も追求するということを八中総で再確認すれば良いことであり「延期」の根拠にはならない。そしてすでに述べたように、延期開催の時期としての六月中旬というのは総選挙になっている可能性がある。そんな時に八中総の開催など考えられない。不可解なのである。もう少し納得がいく説明を行う必要があるだろう。予断はできないが、何か別の判断があるのではないかとも考えられる。

「赤旗」日刊紙の締め切りは夕方である。一三日の志位委員長の記者会見は四時に終わっている。この記者会見で「文藝春秋」での私の共産党とかかわるインタビューについて記者から質問されず「ホッ」とした様子でニコニコして終わっている。この時、記者から先の泉氏の「維新との決別宣言」「一五〇議席獲得目標・出来ない場合の辞任」について質問を受けているが「野党連合の追求」などについて言及せず「他党のことですから」とまともに答えず政治家としては鈍感な発言をしている。この記者会見が終わった四時から「赤旗」日刊紙締め切りの六時まで間に、何かの判断を行ったのだろう。「延期」を決めたのだから、少なくともその数時間の間に臨時常任幹部会を開催したのであろう。ここでどういう判断をしたのかが問題であり、きちんと説明する必要があるだろう。翌一四日の「赤旗」に「補足説明」が出るかなと思ったが何も出ていない。しばらく様子見で行かなければならないだろう。（五月一四日）

7、不可解な志位指導部の動き

前回以降、本職の国際協力事業で手を取られていたので発信できなかった。前回、私は八中総が延期になったことについて理由がわからないと書いた。そして延期の日程について「六月中旬」というのは総選挙が行われる可能性があり、そのような時期に八中総など開催できないだろうと指摘した。ところが党勢拡大を訴える書記局声明で六月中旬に総選挙が行われる可能性に言及し拡大の必要性を訴えている。もう支離滅裂である。

ところでこの間の「赤旗」を見ていると「松竹・鈴木問題」など無かったように一切取り上げていない。ところが私は雑誌「文藝春秋」六月号で一〇ページにわたって共産党の問題について触れた。続いて五月二七日付の「週刊東洋経済」において中北浩爾氏が志位指導部に疑問と批判を展開された。そして五月二九日配信の「デイリー新潮」に八中総延期を巡って私の「文藝春秋」の記事と絡めて「共産党志位委員長等は反論できず」と報道している。しかし「赤旗」を見ている限り、一切反論を表明していない。あれほど剥きになって「反共攻撃」と主張してい共産党はどうなったのか。

そして五月三〇日の「赤旗」で衆議院選挙の候補者が発表されたが、比例近畿ブロックそして京都一区の候補者として国対委員長の穀田恵二氏の名前がなかった。これはどうしたことだろうか。彼の名前が無いだけではなく京都一区の新しい候補者の名前もなかった。つまり何が理由がわからないが穀田氏を含めて候補者を発表できなかったのである。私のところに憶測・推測を含めて色々な理由が届いている。明日・明後日に発表が無ければ京都府委員会への問い合わせが急増するだろうが中央が決めることで京都府委員会は答えられないだろう。

そして同じく同日付の「赤旗」で機関紙活動局長田中悠の「赤旗拡大で何としても前進」をという二九日付け

コメントが発表されたが、私の予測通り五月も大量減紙に陥りそうである。「一つ覚え」のような「一三〇％拡大」で党を拘束するやり方をやめ総選挙シフトにしなければならないだろう。（五月三〇日）

五月度は予測通り「赤旗」は減紙したにも関わらず、同じ誤りを提起する七中総決定推進本部声明に、怒りさえ覚える。六月三日付「赤旗」に「六月こそ一三〇％の党、総選挙躍進の飛躍を起こす月」なる文書が掲載された。五月度で「赤旗」日刊紙九五六部減紙、日曜版七〇四八部減紙した。昨年八月から一二月の「特別期間」で減紙、そし一月五日に開催された七中総で来年の一月に延期開催が予定される党大会に向けて一年間、最重要課題として前大会比一三〇％の拡大、統一地方選挙の前の三月末までに前大会現勢を回復すると言う無茶な方針で党活動を歪め狭めた。

こうした共産党の危機にたいして二〇二二年末から二三年の二月にかけて、共産党の再生を願って四冊の本が出版された。その著者の公然党員である松竹伸幸氏そして私・鈴木元を問答無用に除名処分し社会的に大きな危惧・批判がなされた。その結果、県会議員・政令市会議員選挙で議席を二割も失うという大後退をもたらした。しかし除名取り消しは行わず、選挙結果について何らの責任も取らず四月以降も引き続き一三〇％を全党に求めた。その結果、四月も五月も大量減紙したのである。

声明ではあいも変わらず、二重の逆流とか反共攻撃などに原因を求めているが自分で党を自壊させているのである。参議院選挙結果について「二重の大逆流によって大きく押し込まれた地点から、全党の大奮闘によって押し返す過程での一断面と評価しました」と記載している。しかしその後の統一地方選挙で歴史的に大敗北し、繰り返す「一三〇％拡大」提起にもかかわらず「赤旗」は毎月連続的に、どんどん減っているのである。これをどうして「押し返す過程での一断面」言えるのか。第二次世界大戦末期、天皇制政府が撤退を転進と言っていたのと同じであり、志位指導部が選挙での敗北、党勢の後退に責任を取らず居直り続けるのは、昭和天皇指導部が自己保身から「国体護持」を叫び「もう一度戦果上げてから」と言っていたのと同じである。「総選挙での躍進」を言いながら、理由の説明もないままに国対委員長の穀田恵二氏の扱いも未発表のままであり党内に疑心暗鬼を生んでおり、選挙を戦う意欲を削ぐことになっている。

さて志位指導部はどうするのか。責任を取っての辞任、「松竹・鈴木」への謝罪、除名の取り消し、一三〇％論の棚上げを行い、党改革へ一歩踏み出す以外に再生への道はないだろう。未だに反省も改革も踏み出さない志位指導部にたいして、松竹氏はブログで表明しているように『不破哲三氏への手紙』、そして私は『さようなら志位和夫殿』を出版予定である。「松竹・鈴木問題」は終わっていないのである。（六月三日）

1）なぜ穀田氏の扱いを発表しないのか。

昨日（六月六日）の常任幹部会の決定に基づき夕方、小池書記局長が記者会見し衆議院選挙の候補者を発表した。先週に引き続き、穀田国対委員長の扱いについて触れなかった。穀田氏は前回小選挙区では京都一区から、そして比例近畿ブロックでは順位一位で出馬し、小選挙区で落選し比例で当選した。しかし今回は比例も小選挙区でも名前は発表されなかった。なぜなのか理由の説明もないままに一週間がたっている。

志位指導部は衆議院選挙の獲得目標として、赤嶺氏の沖縄選挙区での再選、六五〇万の得票（前回二一年衆議院選挙の比例得票は四一六万、二二年の参議院選挙での比例得票は三六一万票）、全ブロックでの当選の三つを挙げている。赤嶺氏の再選を目標とすることは当然のことであるが、後の二つは完全に希望的目標である。

国対委員長である穀田氏の取り扱いを発表せず、衆議院選挙政策もまだ出来ず、供託金が無く募金を開始している。そして二〇二三年に入って共産党の改革を提起した松竹氏と私・鈴木元を問答無用に除名処分し四月の統一地方選挙で県会議員・政令市会議員選でともに二割もの議席を減らしたにもかかわらず何の反省も責任も明確にしていない。そして統一地方選挙以降、党機関紙「赤旗」は三月に一万部、四月に三万部、五月に一万部減紙している状況でどうして衆議院選挙での躍進など出来るのだろうか。

2）共産党は最近、南あわじ市の共産党市会議員の蛭子智彦氏を機関（地区委員）罷免処分とし、党籍を除籍した。
この間、共産党は松竹氏や鈴木の除名処分問題について全く触れず「無かったことのように」ふるまってきた。ところが昨（六月六日）の「赤旗」の「近畿」面の下の方に小さく、蛭子智彦氏を機関（地区委員）罷免処分・党籍除籍したことが報じられた。全国版ではないから近畿地方の人で注意深く見る人以外は気づかない報道であった。蛭子氏は中央に何回も意見や質問を上げてきたが、まともに返事が寄せられたことはない。「赤旗」紙上では志位指導部の見解が一方的に報道されるのみで異論や反論、批判は一切報じられない情報の一方通行のみである。下部の党員が意見を表明しようとするとSNSのみであり、そこで自分の意見を開陳するしか方法がないので意見を述べてきた。そして志位指導部の松竹除名処分を批判し撤回を求める意見を掲載した。「除名者と同じ立場に立った規約違反である」として地区役員罷免処分、党員としての資格が無いとして除籍処理されたのである。松竹・鈴木問題を隠しても蛭子氏を処分・除籍したことは「頭かくして尻隠さず」である。この調子でいけば、これからも何人も除名・除籍を行うのだろう。これを改めない限り日本共産党の組織体質の問題として党内不団結、党の支持者の減少を招き続けることになるだろう。

3）穀田恵二国対委員長の候補者未決定についてどう見るか。

次期衆議院選挙の候補者は第一次として五月二九日の常任幹部会で決定した。この時、国対委員長の穀田氏の名前が無く不可解であった。続いて六月六日の常任幹部会において第二次の候補者決定がなされて発表されたが、再び穀田氏の名前は無かった。これは異常である。衆議院議員トップの国対委員長である穀田氏の名前が無いということは、通常では「下ろすこと」も視野に入っていると推察されて当然である。

下ろす場合「理由」としては「高齢七六歳のため。長い間、苦労様でした」ということにするだろう。しかし同じく現職である赤嶺氏は七五歳で出馬するし、「先輩の市田忠義氏は参議院議員に七四歳で三期目の出馬をして八〇歳まで務めていたのであるから、穀田氏を下ろす理由を年齢にするのは無理がある。まあそれも無視しても穀田氏を下ろす場合、後継者が必要である。小選挙区の京都一区では当選しないのだから比例の近畿ブロックの一位か少なくとも二位にしなければならない。現在は穀田氏（常任幹部会員）が一位、大阪の宮本岳志氏（中央委員）を二位としてきた。そうすると少なくとも中央委員以上、当選確実な一位に持ってこようとすると幹部会員以上でなければならず、後継者決定は簡単ではない。ところで何故、下ろすことも視野に入れているのか。京都では年齢以外の「何かが、あるのでは」と憶測推測がささやかれている。（六月七日）

8、なんだ、これは、市田忠義氏の本の広告

昨日（六月九日）付「赤旗」三面に市田忠義氏の著作「規約と党建設」の大きなスペースを取った報道形式の広告が出されていた。そこに写真入りで、長崎県・千葉県・福岡県・青森東青地区が市田氏の本を毎週定期的に

学習し「多数者革命を目指す党はやはりすごい」（長崎）などのコメントをつけて掲載している。

市田氏は京都府委員長から不破委員長・志位委員長の二代にわたり書記局長を務め何回か「党勢拡大月間」を提起し失敗してきた人物である。その人物が現状についての何の総括的分析もなく書いた党建設に係わる本が、今日の困難に直面している党建設に役に立つ訳はない。彼のこの本は昨年の「特別期間」の最中に発刊されたが「特別期間」は減紙で終わった。

しかし「党勢拡大一三〇％」を掲げる志位氏は顔写真入りで、この市田氏の本を推薦する広告に登場した。委員長の本を副委員長が推薦するならまだ分かる。副委員長の本を委員長が推薦するなどかつてなかったことであった。志位氏は、まともに県委員会、地区委員会で党建設を行ったことが無いので京都で地区委員長・府委員長を経験した市田氏の経験に頼ろうとしたのであろうが全く時代錯誤である。続いて全国四七都道府県委員長が連名で「推薦します」という広告が掲載された。宮本・不破氏の時代でもなかったことである。個々の県委員長が「推薦」して四七都道府県委員長が揃う訳がない。「中央」から求められたのであろう。

そして今回の広告である。これも個々の県が体験として知らせるなら「赤旗」党建設コーナーで報道されたであろう。同じ日の広告欄で同時に四つも掲載されたということは「中央」からの働きかけがあったのだろうと考えて問題はない。この「広告」を見て他の県委員会や地区委員会が「真似をする」事が起こっても不思議でない。広告によると「三刷り」になっているそうで、本人は喜んでいるだろうが、党の私物化以外の何物でもない。この本を読ませて「一三〇％」が達成されるほど党の現状は甘くない。党内から批判が出ないところに現在の危機がある。（六月一〇日）

9、岩井氏による無責任で展望のない財政危機打開の訴え

1）財政危機脱出は党改革と車の両輪で

六月一〇日付「赤旗」党活動欄に、財務業務委員会責任者・岩井鉄也氏による「財政の現状打開のために緊急に訴えます」という談話が発表された。このままでは「運用資金が底をつきかねず、党の機構も『しんぶん赤旗』も守れなくなる事態に直面しています」と論じている。つまり危機的状況にあると書いている。ところが、どう危機を打開するかにおいて「今年最大の課題である党大会まで一三〇％の党勢拡大……この道しかない」と断じている。これは少しでも財政に携わったことがある人間なら根本的に間違った見解である。一三〇％の党勢拡大は目標であり保障されたものではない。現実を直視し実行可能な確かな方針を提起しなければならない。収入に合わせた支出にしなければならない。つまり現在の共産党がぶつかっている問題を解決する改革と結び付けて提起しなければならない。

2）私はすでに『志位委員長への手紙』で書いているが、肥大化した中央役員を三分の一の七〇〜八〇名程度に減らし討議できる組織にする。幹部会・常任幹部会という屋上屋を重ねた機構は廃止し真に執行機関にふさわしく十数名の幹部会にする。毎月膨大な赤字を生んでいる紙の「赤旗」は止め、デジタル赤旗に改組する。実質的に都道府県委員会を中央の支配下におくことになっているやり方――県委員長の給与を他の常任の一・三倍から一・五倍としそれを中央が負担するやり方を廃止する。県委員長の給与は県の財政で賄い他の常任と同じ給与体系にする。こうした改革にふれず、不確かな一三〇％目標達成を最大の方針として提起するなどは非科学的であ

り、財務担当しては無責任である。

3）「専従中心の党運営」から国民主権の下「議員を代表者とする党運営」にすべきだ。

岩井氏の方針では書かれていないが、先の地方選挙で、県会議員・政令市会議員の二割を失った。これは県財政にとって極めて大きな減収である。そして一三五名の落選者の生活をどうするのかという問題に直面している。これらの人々を現在の県委員会や地区委員会が支える財政力は無い。地区委員会の統合、そして何よりもレーニン以来の専従職員（職業革命家）中心の党運営をあらため、非専従者中心による党運営に切り替えなければならない。他党は自民党でも県本部は数名の専従職員で運営している。つまり主権在民、選挙を通じて政治改革をすめる我が国においては、国民に選ばれる議員中心の党運営に改めなければならない。共産党の専従中心の党運営が、広く党員・国民の意見・気分を反映しない党運営と官僚主義的党運営を作り出しており抜本的改革が求められているのである。県委員長は県会議員、地区委員長は市町村議員が務め、その地域の政治的代表として活動する必要がある。

このような改革は志位指導部などの特権的人々にとっては認められないことであろう。しかし彼らの身分保障のために改革を遅らすことは出来ない。志位氏のみならず常任幹部会員は個室を保障され、給与は国会議員の党員と同じ処遇としている。「大衆性」を売り物にしてきた市田忠義副委員長は先に記したように「赤旗」にとんでもない広告を行い党組織を使って自分の本を売るなど党の私物化を行っている。そして豊洲のタワーマンションに住んでいる。市田氏にそれだけの収入・財産があるのか。それとも袴田里見元副委員長のように党が購入し提供されているのか明らかにする必要がある。これは「プライバシーの問題」ではない。公党が財政危機に陥り抜本的改革を求められているとき、明確にする必要がある。

4）岩井・志位発言は「脇が甘すぎる」のではないか。

①岩井氏は談話の中で「党本部の建物など一〇〇億円を越す資産があります。しかしいかに資産があっても……毎月の運用資金が無ければ党機構の維持と『しんぶん赤旗』の発行は出来ません」と論じている。これは党内外から「共産党は自民党より立派な本部ビルを持つなどお金持ちの党」と思われているのに対する釈明のつもりで書いたのだろう。しかし通常、株式会社を含めて財務担当者が財政再建を考える時、身の丈（収入）に応じた支出を考え、財政力を上回る事務所は売却し、それこそ月々の収入で運営できる、こじんまりとした事務所に移転する方針を提起するものである。

②志位氏は青年との対話集会において、政党助成金に関する質問を受け、政党助成金が憲法違反であると論ずるとともに「毎年、八〇億円の寄付があり、政党助成金を受ければ、これらのカンパをしていただいている方々のエネルギーを失うことになる」との趣旨の発言を行っている。実態はどうなっているのだろうか。党費を納めている党員が二〇万人として、年間八〇億円の寄付となる一人平四万円になる。しかし党員と言えども、年金生活者が多数である現状から、結局「金あるものは、お金を」ということになり二分の一の人が平均八万円ぐらいを出すことになる。私自身、大きな選挙に際してはその倍は出してきた。こうして地方議員の方を含めて特定の人に大きな負担がのしかかっているのである。

岩井氏の談話では「遺贈」が増えているとまで書いている、これでは今問題になっている「新興宗教団体」と似た行動と思われる危険がある。なんでも書けば良いというものではない。

③さて「赤旗」は「国民の新聞」である。購読者は党員や支持者だけではない。公安当局を含めて反動支配勢力も読み分析している。こうした時、志位委員長の「年間八〇億円の寄付」発言については実態調査をおこなうだろう。岩井氏の談話での「一〇〇億円の資産」についても調べるだろう。そこには追及される問題はないのだろうか。かつて共産党は議員の「歳費管理」を行っていたが社会的に問題となり「止めている」。その減収分はどうして補っているのか。よく準備して発言したとは思われず危険を感じる。「脇は甘くないか」。永い間、選挙財政を含めて党の財政活動を見てきた老人の心配事である。

さて統一地方選挙で県会議員・政令市会議員で二割も減らし、選挙後「赤旗」が三月には一万部、四月は三万部、五月は一万部、わずか三か月間に五万部も減紙した。理由は明確である党の改革を提起した松竹氏、私・鈴木を問答無用に除名した事が大きな要因である。先日ある会議に参加した時、「松竹や鈴木が選挙前にあんな本を出したから党は困難に直面した」と言う人がいた。私は「私の本についてマスコミは一言も紹介していませんよ。私が本を出したことにたいして共産党が問答無用に除名処分したことにたいしてマスコミ（五〇〇〇万部）は疑問やいさめる記事を書いたのですよ。志位指導部が除名などしていなければ、あれほど国民的疑問は出なかったのです」「私は府委員会との会議でも、貴方がたとは意見は異なる。しかし継続討議して一致点を見出していく努力すべきです。松竹氏に続いて私まで除名すれば、選挙になりませんよ。止めておきなさいと言って別れた」と、その人に答えた。しかし京都府委員会は志位指導部の強い求めに屈し私を除名し、府会は一二名から九名、市会は一八名から一四名に大敗北したのである。

ある人が私に語ったことであるが、志位氏が責任を取って止め、後任に改革を託し、「改革を『赤旗』で報道しますので見てください」と言うだけで、「この間の五万部の減紙は取り返し軽く一〇万部は増えるのではありませんか」と。私は、さらに私と松竹氏に謝罪し名誉回復して除名を取り消せば、さらに大幅に増えると思う。肝心の問題に触れない「危機文書」を出し「赤字なので拡大を」と訴えても国民的には「身勝手な話」である。さてさてこれから更にどのような危機の記事が出るのだろうか。

5）いつ解散・総選挙になっても不思議ではない情勢である。共産党は五月二日に開催された全国道府県委員長会議において幹部会方針として五月二一日二二日に第八回中央委員会を開催し、統一地方選挙の総括と総選挙方針、そして一三〇％の党勢拡大について決定するとした。ところがそれからわずか一〇日後の五月一二日に書記局名で延期通告を行い六月中旬に開催する予定とした。既にその中旬となっているが未だに開催は発表されていない。選挙方針なし、総選挙に対する政策なし、穀田恵二国対委員長をはじめとする予定候補者も決まっていない。志位指導部は一〇五名の候補者を擁立すると表明してきた。しかし第一次、第二次で発表された候補者は二〇名である。明日の常任幹部会で残りの八五名を発表するのだろうか。選挙を支える財政は危機でお金が無い。小選挙区の候補者で当選の可能性があるのは沖縄の赤嶺氏だけである。一人当たりの供託金は三〇〇万円、一〇〇名としても三億円である。この財源はどうするのか。これらは中央委員会が、速やかに解決すべき問題である。こうした方針が全党に示せていなくて、どうして六五〇万の得票を実現して躍進するというのだろうか。余りも空虚な大言壮語である。事実の上に立って現実的な方針を速やかに提起する責任が中央にあると思うがいかがなものか。（六月一一日）

10、福岡県委員会に異変

1）統一地方選挙の後に開催された第八回中央委員会総会において、あいも変わらず「一三〇％の党勢拡大」が提起された時、党勢拡大の模範県として福岡県委員会が特別に紹介された。私はこの時、かつて拡大の模範県として紹介された宮城県や愛知県が、その後、水増し請求していたことが明らかになり、県委員長が処分された事を紹介し、福岡県委員会が無理を重ねて問題にならないことを指摘した。

ところが昨日二〇日（九月）の産経新聞において「共産党また異論封じ処分」「福岡県委員会、除名見直しの主張巡り」と報道された。そこでは県常任委員の神谷貴行氏の処分を検討中と記された。神谷氏は党の専従幹部であると同時に漫画評論家として活躍し社会的に大きな支持を集めている人物で、福岡市長候補としても闘ってきた人である。神谷氏は県委員会総会において「松竹氏の除名処分は道理に合わない。中央委員会に撤回を求めるべきだ」と主張したが否決された。その経緯をＳＮＳで報じた。県委員会は、それを「党外で意見を述べた」として処分しようとしているのである。

私や松竹氏は二三年間党首の座にあって選挙でも党勢拡大でも後退させてきた志位氏に対して責任を取るべきであるし、党首は全党員参加による党公選制で選ぶべきであると主張してきた。これは党内問題ではなく広く社会的政治的問題であると論じてきた。これに対して志位指導部は問答無用に私たちを除名処分したのである。神谷氏はこれに異論を唱えたのである。ＳＮＳを見れば似たような異論が飛び交っている。共産党はそれを全て処分の対象とするのであろうか。これは大問題である。「赤旗」では報じられていないが一九日の小池書記局長の記者会見において、福岡県委員会が処分を検討していることを認める発言が行われ産経新聞において報じられたのである。そのようなことをすれば、共産党のあり方が問われる新しい段階に入るだろう。（九月二一日）

2）昨日二一日に、このフェイスブックに書いた「二〇日付け産経新聞の神谷氏処分予告の報道」について、二一日の「赤旗」、二二日の「赤旗」ではなにも報道されなかった。共産党の名誉にかかわることであるのに不思議なことである。

昨日も書いたが、そもそも松竹・鈴木の除名処分は全く不当なものである。①選挙と党勢で後退させてきた志位氏に対して辞めるべきであるなどは党内問題ではなく、公人である党首にたいして広く社会的に論じられているこ とである。②党規約では「指導部は選挙によって選ばれる」と規定されており、党首公選制は取らないなどは、規約上も大会決定でも中央委員会総会でも決定されていない。二〇二二年の八月に突然「赤旗」紙上で性格も権限も明らかでない党建設委員会の名で「革命政党の幹部政策」と言う論文を発表し、そこで「党首公選制を行えば分派が生まれ党は分裂する危険がある」と勝手に論じたのである。そのような規約違反の勝手な主張を批判したら除名ということが間違っている。

3）今日党員の多くがSNSを使っている。その党員がSNSで党員同士で意見交換したり、意見発表すれば規約違反であり処分の対象とするなどは、個人の自由な意志を尊重しない時代錯誤な方針である。そんなことをすれば共産党は圧倒的な国民から見放されるだろう。規約が定めている通り自由な意見の討議の上、最終的には多数決で決定し行動の統一を守る党運営に徹しなければならない。

なお、神谷氏は私・鈴木元と違って現役の県委員・常任委員である。彼を処分するには県委員会総会で三分の二の多数の決議が必要である。中央も乗り込み、このような不当な処分を強引に決めれば国民から見放される。しかし県委員会や中央委員会はこぶしを振り上げたものの決められなかったら、それこそ民主集中制の自壊の始

まりである。「どうする家康」ではないが「どうする福岡県委員会」「どうする中央委員会」という状況である。（九月二二日）

4）福岡県委員会が異常な全党員へのアピールを行っている。

九月二六日は、他の仕事で早朝から福知山にでかけたので「赤旗」は読んでいなかった。帰宅して読むと六面の党活動欄に志位委員長の島根県での懇談会記事の隣に、福岡県党の「反共主義に負けられない」と言う記事が掲載されていた。

福岡という言葉が気になって読んでみた。すると「党から除名された人物が、党員拡大で全国をけん引している福岡県党の活動をやゆし、妨害に躍起となっている」と書き「こんな反共攻撃に断じて負けるわけにはいかない。党勢拡大が階級闘争の焦眉の課題になっている党員拡大で飛躍をつくり、大会現勢を回復・突破しようと訴えました」と報道していた。

私の発言は反共攻撃なのだろうか。福岡に関しては、フェイスブックで「福岡県委員会に異変」を書いただけである、誰が読んでも反共攻撃などしていない。皆さんも再度読んでいただきたい。この「赤旗」の二六日の記事では全く触れられていないが、既に書いているように福岡県委員会は県常任委員の神谷氏が松竹氏の除名に異論を唱えＳＮＳで発信したことをとらえて処分を検討していることが産経新聞に掲載された。私は「そんなことをすれば国民から見放されますよ、中央もかかわって、こぶしを上げてやらなければ民主集中制は崩れますよ」と述べ、「どうする福岡」「どうする中央」と問いただしたのである。それがなぜ反共攻撃になるのか福岡県委員会内田裕県委員長には説明していただきたい。

「赤旗」での内田県委員長の発言の下になったものとして「県委員長と地区委員長の連名のアピール」があるが、福岡の友人が参考にとスキャンして送ってくれた。そこでは私の名前を挙げてこう書かれている。

「党を攻撃する本を出版し、記者会見を行い、党から除名された松竹伸幸氏と連絡を取り合い、分派活動に及んで除名された鈴木元氏は、そうした私たちの活動に対して『共産党の志位指導部は相も変わらず、出来もせず、全党を苦しめているだけの一三〇％目標を達成するために会議を開催……福岡県委員長が特別報告、つまり拡大県として持ち上げられて発言している。しかし、そんなに遅くない時期に福岡でも矛盾が露呈するだろう』などと、悪罵をなげつけ、こともあろうに福岡県党の党勢拡大の失敗をあえて願い、妨害に躍起となっています」

今まで記したように、私は福岡県党に「悪罵をなげつけ」「失敗をあえて願い、妨害に躍起」となっていない。なぜこのような作文を書くのだろうか。

ところで私は「福岡県委員会に異変」の記事の冒頭で、かつて拡大の模範県として赤旗で持ち上げられていた宮城・愛知県の委員長が、内部告発で水増しをしていたことが明らかになり処分されたことがあり、無理をされない方がいいですよと指摘した。今、全国的に志位指導部の一面的な一三〇％拡大目標に応えるために、日曜版読者を含めたすべての「赤旗」読者に「革命政党」である日本共産党の入党申込書を持っていって入党を勧めたり、すべての民青同盟員を党に迎えるために入党を勧めるなどの機械的なことが行われたりしている。まさか福岡県党はそんなことしていないでしょうね。そんなことをすれば、なかには読者や民青を辞めたり、入っても直ぐに未活動党員になり離党する危険があることは目に見えている。それで「目標を達成」しても、神谷氏の処分など行えば、大量減紙、そして折角拡大してきた多くの民青同盟員を失うことになるでしょう。神谷氏処分などやめておくべきである。この警告的指摘が反共攻撃とか「妨害に躍起なっている」ということになるのだろうか。私は貴方がたより永く党活動をしてきて、こうした「期日を定めた目標達成のための」機械的行動がどのような結果をもたらすか何回も見てきた。入党の勧めは、こちらの必要性からの数の追求として行うのではなく、相手の人の心の成長を見極めた抑制された落ち着いた行動が必要である。ましてや神谷氏の処分など辞めておきなさいよと指摘しているのである。京都では一番、全国的にも少なくとも何回も党員拡大ベストテンに入っていた老人からの意見である。

なお付言すると内田県委員長は「党勢拡大は階級闘争の焦点になっている」と言っている。政党間闘争の最大の課題は選挙闘争である。党勢拡大はその前進のための一分野の活動である。選挙は全有権者を対象とした活動で党員のみならず支持者の人の協力も大切である。それに対して党勢拡大は基本的には支持者に対する党員の活動である。福岡県が今、力を入れている党員拡大は機関役員、議員、支部指導部など党員の極一部の人々による活動である。党員拡大を最大の焦点として長期に活動すれば党員の一部による活動スタイルを続けることになり、党活動をいびつな物にして行くことだろう。（九月二七日）

11、市田忠義氏の私へのお粗末な反論攻撃

1）私はこのフェイスブックの中で『日本共産党の百年』とかかわって「民主集中制」を批判するとともに常任幹部会員の特権をなくさなければならないと提起した。常任幹部会員は党の国会議員並みの給与を支給され、自民党本部を上回る広さの党本部の中に個室を提供されている。全国の県や地区の専従職員が薄給の上、遅配や欠

配に苦しんでいる時、そのようなことは止めるべきであると提起した。

そして庶民派・大衆性を売り物にしている市田忠義副委員長は七〇〇〇万円から八〇〇〇万円する江東区豊洲のタワーマンションに住んでいることを知らせた。併せて彼の『規約と党建設』の本を「赤旗」に大きな広告を載せ、それに全国四七都道府県の委員長に「私も推薦します」と書かせ三刷であることを自慢にするなど党私物化もはなはだしいと批判した。

それに対して市田忠義氏は先日、沖縄で行われた学習会において、民主集中制がいかに正しいものかを得々と演説するとともに松竹氏と私を批判した。その中で、市田氏は「鈴木は私がタワーマンションに住んでいるなどと言っているが、私はタワーマンションとタワーマンションの間にある小さなマンションに住んでいる」と語り、さも私が嘘をついているかのようなことを言った。

天下の公党である日本共産党の副委員長という立派な公人が自分の住んでいるマンションがタワーマンションの間にある小さなマンションであるなどというのはどうかと思う。インターネットで写真や価格はすぐに出てくる。

彼が住んでいるのは東京都江東区豊洲の二〇階建てのマンションの一四階である。現在の中古物件価格は六九九三～八七九一万円である。抵当はついていない。私が七〇〇〇万円から八〇〇〇万円のマンションと書いたのは間違いではなかった。彼が京都府委員長時代に住んでいた京都市左京区の家は他人には売却されず娘夫婦が住んでいる。彼は二一階建て以上がタワーマンションで、自分は二〇建てに住んでいるのでタワーマンションには住んでいないと言えば「鈴木は嘘をついている」と反撃・攻撃できると思っているのだろうか。なお近隣の二一階建て以上のマンションの一四階の中古物件もほぼ同じ価格である。前記の私のフェイスブックの記事にたいして今のところ市田氏からは再批判はない。

しかしインターネット上では市田氏を批判する記事があふれている。中心は①市田氏が「タワーマンションに住んでいる」と主張したのにたいして、彼が住んでいるマンションとタワーマンションの間にある小さなマンションに住んでいるマンショの写真を出し「これが小さなマンションなのか」との批判が出された。②そしてマンション問題だけでなく国会議員を下りているにもかかわらず党の国会議員並みの給与をもらっていることである。③彼が自分の本を四七都道府県委員長に「私も推薦します」と書かせた広告等について批判されたが、市田氏は全く答えていない。これらについて少し補足しておく。

タワーマンションについて法律的定義はないが、日本マンション学会では概ね六〇メートル以上二〇階建て以上のことを言っており、彼の二〇階建てのマンションをタワーマンションと言っても何の問題もない。それよりも重要な問題は党の専従職員である彼が、七〇〇〇～九〇〇〇万円のマンションを購入していることである。しかも抵当は入っていない。つまりローンがないことである。それに対して「購入した当時は安かったが、その後、値が上がった」という声が聞こえてきそうである。それで二〇〇五年に発売を開始し彼が購入し当時の価格はいくらであったか調べてみた。当時、この物件を扱った業者の一三階と一九階の物件販売広告が出てきた。一三階は四五〇〇万円一九階は九〇〇〇万円、つまり一階上がることに五〇〇万円高かった。一四階を購入した市田氏は五〇〇〇万円前後で購入したことと推察される。それをローンを組まず、京都の自宅も売らず購入していることに疑問が広がっているのである。市田氏の東京赴任に伴い奥さんは定年を待たずに退職しているから退職金が入り、それを全て使ったのだろう。しかしせいぜい二五〇〇万円から三〇〇〇万円だろう、いや夫婦で二〇〇〇万円を貯めていたのでそれをすべてつぎ込んだと言うかもしれない。私は世間には苦労して貯めたお金を使ってタワーマンションを購入してる人をたくさん知っている。その人々を非難する気は無いし、すごいなと思う。しかし薄給で遅配・欠配に苦しんでいる全国の常勤者がいる中で幹部会員の都道府県委員長はそれだけのお金を貯められるかと疑問が生じているのである。

2）重要なことは先に記したように常任幹部会員は国会議員の党員並みの給与を保障されていることである。市田氏も二〇二二年七月に参議院議員を辞めているが、引き続き、国会議員の党員並みの給与をもらっていると推察される。「いや違う」というなら、その額を提示してほしい。

こうしたことは市田氏の個人プライバシーを脅かすことではない。政治家は政治資金規制法に基づいて自らの責任で住所や年収・寄付について書きこみ登録しなければならないし、国民の誰でもが閲覧できる仕組みになっている。ちなみに現在では管轄の総務省に足を運ばなくても誰でもインターネットで検索することができる。それだけ政治家はお金の問題はきちんとしておかなければならないのである。志位氏の年収は自民党総裁の岸田氏に次ぐ二位である。党の委員長として報告したり講演したりしたことを「赤旗」記者や秘書などに文字起こしをさせ「新日本出版社」から出版し「赤旗」に広告を掲載させ全党に購入を呼びかけて購入させ個人の印税としてもらっている。市田氏もそれを真似た。しかし不破氏や志位氏のような多作ではない。ほとんど唯一の『規約と党建設』を「赤旗」の四段を取った大広告に全国四七都道府県委員長が「私も推薦します」などと書かせて販売したのである。私は、これほどの党私物化はないと批判したのである。これに対して彼は一言の反論もしていない。なお付言すると彼は、この『規約と党建設』の前に同じく党建設の本『党づくりの苦労と喜び　地区委員長のあり方を考える』という本がある。しかし三〇〇人余りの地区委員長を相手にした本だから、いくら売れても数百冊単位である。

ところが参議院の候補者として選挙に向かって「赤旗」文化部がセットしてくれた文化人との対話の記事をまとめて出版した。いわゆる候補者本である。演説会などで組織的に販売されたので少しばかり売れ、本人は悦に入っていた。しかしプライドの高い市田氏は文化人との対談ではなく自分も少しばかり文章が書けることを示したいために随筆集を出した。

『規約と党建設』を押し付けられた都道府県の委員長は自分も推薦者なので県委員会として扱わない訳には行かない。しかし市田氏の随筆集を引き取る気などない。市田氏は何人かの県委員長に直接電話をかけたりして百冊単位で預かってもらったりした。結果は売れなかった。本の存在自体が話題にならなかっただけではなく、多くの県では梱包も解かれず存在も知られいないままに返本される喜劇を生んでいる。個人の「名誉欲」のために党を振り回すことは止めてほしい。

3）この項の冒頭に記したように、二〇二三年八月二三日沖縄県豊見城中央公民館での市田氏の講演で、私や松竹氏に対して批判していると教えてくれる人がいて、私に対しては彼のマンション問題についての私の記事を「反撃している」との事であった。そういうこともあったので念のために彼の演説内容について文字起こししたものを手に入れた。するとマンション問題だけではなく、私が産経新聞のインタビューに答えていることを市田氏は「鈴木っていう男は、自民党以下ですね。産経新聞のインタビューにまで応じています」と演説している。
産経新聞のインタビューに応えることは自民党以下なのだろうか。ちなみに志位氏は次のように語っている。

「産経新聞さんとは、確かに立場は違うんだけれどもよく、日本共産党のことを報じていただいている。一番詳しく、わが党の一〇〇年史なんかに至っては、年表なども入れて報じてくれたのは産経新聞だけで、さすが、産経新聞はよく読んでいるな、と。それと、産経新聞では、もう亡くなったのですが、『父と私』という長いコラムを書いてくださったんです。立派な文章を書いてくださったんです。確か、夕刊だったと思うのですが、その夕刊をもって親父のところへ持っていったら、とても喜んでおりました」（二〇二三年一〇月一一日、「政民東京會議」での講演会の質疑応答から）

市田氏は志位委員長が産経新聞のインタビューに答えたことについても、自民党以下と言うのだろうか。（一〇月二四日）

12、志位指導部は党大会・総選挙をどうするのか

1）一〇月三日の「赤旗」の六面の党活動欄に九月度の党勢拡大の結果が小さく報じられた。結果は日刊紙一七〇部の減、日曜版は五九八部の減。九月は二〇二四年一月に開催される第二九回党大会に向けての結節点で一三〇％目標の半分をやりきる月であり、何回も声明が出され会議が開催された。にもかかわらず目標達成はおろか増紙にもならず減紙したのである。あえて出さないが四七都道府県別増減を見ると増紙した県の大半が、まるでつじつま合わせのような数部単位の増紙である。第八回中央委員会総会で全国の拡大の模範県として扱われた福岡県は県委員長が私や松竹氏を反共分子扱いの言辞で全党員へのアピールを出して拡大を呼びかけていた。その結果は日刊紙四部、日曜版八部の拡大で他府県と変わらないつじつま合わせのような成果にとどまった。何回も繰り返して言っているように「一三〇％の党勢拡大」を毎月毎月追求するような活動は破綻しているのであ

る。

五日から第九回中央員会総会が開催された。そこでは「第二の手紙」が出され、この間の失敗が明確な「一三〇％の党勢拡大」を、性懲りもなく引き続き党大会に向けて行うというのであるから、どうしようもない。あえて論評する必要もない。

ところで第九回中央委員会総会の名で二〇二四年の一月一五日から一八日にかけて党大会を開催することが決定された。しかし大会決議案は出されなかったのだが、どうするつもりなのだろう。一月一五日に党大会を開催するなら一二月に都道府県党会議、その前に地区党会議、そして支部党会議を開催しなければならない。するとどんなに遅くとも一一月のはじめには決議案を発表し全党討議を開始しなければならない。今日一〇月五日の第九回中央委員会総会で出されなかったのであるから、一〇月の終わりか一一月の初めに再度第一〇回中央員会総会を開催し決議案を出さなければならない。

その場合一二月か一月に解散総選挙となればどうするのか。党大会は開催できなくなり延期ということにせざるを得ないだろう。本来今日の中央委員会総会で決めておかなければならないが、一三〇％拡大の「第二の手紙」だけであった。さらに言うと総選挙ということになれば選挙政策がいる。まさか先日発表された経済政策だけで選挙を闘う訳には行かないだろう。そうすると第一〇回中央委員会総会は「総選挙になる場合は党大会は延期、総選挙を闘う政策はこれ」「総選挙がない場合は党大会開催、その場合の決議案はこれ」としなければならなかったが、今日そういう提起ができなかったのだから、一〇月の終わりか一一月のはじめに開催しなければならなくなった第一〇回中央員会総会においてそうした判断と二つの文書を用意しなければならないが出来るのだろうか。私が心配することではないが中央委員の人々、とりわけ全体を統括し判断しなければならない志位委員長、いまから二週間余りで決議案を作成することになる小池書記局長、総選挙政策を書かなければならない田村政策委員長の手腕が問われるが、いかがなものか。（一〇月五日）

2）九中総が開かれたが総選挙対策はどうするのか、あくまで福岡県党を模範化でいいのか。

第九回中央委員会総会について私が「心配」したことが的中した。九中総では次期二九回党大会を二〇二四年一月一五日から一八日に開催することを決め、一一月中旬に一〇中総を開催し決議案を採択し全党に下ろすそうである。年末年始を考えると実質二週間から二〇日間で支部党会議、地区党会議、都道府県党会議を行わなければならない。しかし解散総選挙になればどうするのか何も決められていない。解散は岸田首相が決めることであるから、私たちが解散があるとも無いとも断定的なことは言えない。しかし多くのマスコミが年内は無理であろうが一月の国会開会冒頭に解散する可能性は残っていると報じている。先に書いたように解散総選挙になった場合は党大会は開催できず延期する事を確認しておき、総選挙政策も用意しておかなければならない。しかしそれらのことについては一言も触れず「大会成功・総選挙勝利を目指して党勢拡大一三〇％目標の達成」だけが確認された。志位指導部は一体どうなっているのだろうか。穀田国会対策委員長を含めた国会議員の中央委員の人たちはこのような非政治的な決定に何も言わず満場一致で確認したのだから政治集団としてはお粗末すぎる。

小池書記局長の結語を読んだ。そこでは福岡県党が反共主義と闘うことを焦点として奮闘していることを高く評価するとともに、埼玉の県委員長などが福岡県党のように反共主義との闘いにおいて断固とした立場に立ち切れていなかったことを自己批判して奮闘を決意したと報告されている。小池報告では相変わらずマスコミも利用した大々的な反共攻撃との闘いを述べている。しかし私が見る限り、少なくとも新聞社を含めて大手マスコミが反共キャンペーンを行っている状態ではない。反共キャンペーンが行われているなら志位指導部は具体例を挙げ、反撃の論文を出さなければならないが、全く行われていない。そこで福岡県党が「松竹・鈴木」という党規約を破った反共主義者が党攻撃をしていると党内アピールを出し、党員を結束させ党勢拡大のエネルギーにしようとした。それを全国の県党が学ぼうというのである。しかしその福岡県の九月度の拡大は日刊紙四部日曜版八部に過ぎなかった。なぜこれが全国の模範となるのか？

「いや党勢拡大の中心である党員拡大で福岡県党は全国の先進を行き、もう少しで前回大会現勢を回復するのだ」とされているようである。一〇月一日付の福岡県党のニュースを見ると「一〇月度に七六名の党員を拡大した」と書かれている。たいしたものである。しかし月末に八中総パンフを届けに回ったときに沢山の人が既に亡くなっていることが判明し目標達成には至らなかったそうだ。一旦前回大会を回復するかもわからない。しかし高齢化している党の実態からは全国的にも福岡でもそうだが拡大数を上回る死亡数と離党者数が生じ、前大会現勢を上回る状況が持続的に進み拡大して行くことは難しいだろう。そしてなによりも党員拡大を重点とした活動は県党のほんの一部の人々の活動を続ける歪んだ活動となって県党に困難をもたらす事が危惧される。（一〇月八日）

3）どこまで拡大すれば良いのか、一三〇％の根拠は？

いままで述べてきたように私は党勢拡大に反対しているのではないし、実際に私は多くの拡大をしてきた。しかし弊害の多い「期日と目標を決めて」拡大運動を進めるというやり方を年がら年中行うことは止めるべきだと主張しているのである。

さて、それではどこまで拡大すればよいのか、元共産党の常任幹部会員で政策委員長・参院議員の筆坂秀世氏はその著書『日本共産党』（新潮新書）で一九九七年の第二一回党大会において民主連合政府を樹立するための第一段階として衆議院で一〇〇議席以上、参議院で数十名という目標を立てた。この本を出した二〇〇六年の時点において党員は四〇万人、「赤旗」読者は一七〇万部であったが衆議院の議席は九議席であった。共産党の指導部が言うように得票や議席が党勢力に比例するというなら、その一〇倍、すなわち四〇〇万人の党員、一七〇〇万部の「赤旗」読者が必要となる。溜息が出るような数字だと記している。

そして今、執拗に言われている一三〇％の目標と何なのか、その根拠は何なのか。二〇〇六年に開催された第二四回党大会において、二〇〇七年の参議院選挙、統一地方選挙で勝利するために「五〇万の党員」「赤旗」二〇〇三年総選挙時比三割増しを実現するという目標が決められた。一三〇％という目標が党大会で決められたのはこれが最初だと思う。しかしその時の提案者であった志位和夫委員長の報告を読んでも一三〇％の根拠については記載されていない。二〇〇三年の衆議院選挙の得票数と二〇〇七年参議院選挙の得票目標を単純に比例計算した程度だと推察される。しかしそれ以来「一三〇％目標」は独り歩きし党大会が近づけば前党大会比一三〇％、選挙が近づけは前選挙時一三〇％が意味なく語られ全党を拘束する「魔の言葉」になっている。もういい加減に脱却すべきだろうが、言い出した志位和夫委員長には出来ない。共産党の悲劇である。（この項、書き下ろし）

第六章

『日本共産党の百年』の批判的コメントと原理的問題

二〇二三年七月二五日、日本共産党は『日本共産党の百年』（以下、『百年史』）を発表した。私は二二年の前半まで「百年史の発表は難しいのではないか」と思っていた。なぜなら共産党は九〇年代以降、後退し続けているからである。会社の社史でもそうだが前進しているときは、あれこれの失敗もありましたが、こうして前進してきましたと書ける。しかし人員整理や縮小に入っている時には書けない。共産党も前進している時は党史を発表していた。しかし『八〇年史』を最後に『九〇年史』は発表されなかった。

私は『百年史』は二〇二一年の衆議院選挙や二〇二二年の参議院選挙で一議席でも一票でも増えれば「反転攻勢の足がりをつかめた」と書けるが、後退すれば書けないだろうと思っていた。いや本当のところは、何故後退したのか脱却の方向は何処になるのかを解明し書くべきだと思っていた。私は、共産党はこのまま行けば国政レベルでは取るに足らない勢力になってしまうので、この点を改革して進むべきであるとの見地から『志位和夫委員長への手紙』という本を出版した。しかし志位指導部は聞く耳持たずで、問答無用に私を除名処分とした。

ところが志位指導部は二〇二二年の党創立一〇〇周年記念講演において「来年の七月に百年史を発表する、その編集の責任者に自分（志位氏）が就任する」と発表した。そして、その時の一〇〇周年記念講演において、一〇〇年の歴史を①不屈性②自己改革③国民との共同としてまとめた。これは現在の活動・路線を肯定する政治的なまとめであって、何故後退してきたのか、どういう方向に打開の道があるのかという教訓を引き出すものでないことは予測された。つまり個々の誤りや弱点を書いたとしても、今の路線は変えないと宣言したのである。これでは次につながる根本的な改革の出発にはならないだろう。

私は今回、発表された『百年史』そしてそれと関連する「赤旗」などでの解説や座談会などについて一通り、目を通した。私は一九六二年高校三年生の時に入党し六〇年間党員として過ごしてきた。つまり日本共産党の一〇〇年の内六〇年を党員として生きてきたのである。したがって『日本共産党の百年』に書かれていることの大半は私自身が体験してきたことである。ソ連や中国の共産党からの干渉との闘い、時の政権に対する鋭い暴露・追及、国民の護民官としての闘いなど、すべて私を含めた共産党員の誇りである。全国の党員の大半の人も、読みながら「そういうこともあった」と自分の党歴と重ねて読んだと思う。しかし肝心なことが書かれていない。（八月三〇日）

1、なぜ九〇年代から後退し続けているのかの解明がない

1）戦後、社会党や共産党は何故伸びたのだろうか。

共産党は「五〇年問題」などの大きな誤りや、六〇年代七〇年代のソ連や中国からの干渉と闘い自主独立を確立して前進するなど立派な点もあった。しかし大局的に見て九〇年代ぐらいから陰りが生じ後退してきた。もちろん『百年史』が書いているように国政選挙などでは九〇年代も前進した場合がある。選挙はその時の政治情勢、候補者の組み合わせなども大きな要素となるので、党勢が後退していても前進する場合がある。問題は党勢（党員数や「赤旗」読者数）である、こちらの方は一九八〇年の第一五回党大会から今日にいるまで四三年に渡って、一貫して後退してきた。何故そういうことになっているのか、このことを解明しなければ前進への手かがりを得られない。『百年史』の根本的欠陥はこのことの解明が無い事である。

共産党の盛衰を考える場合、共産党だけではなく社会主義を志向していた社会党も一緒に考える必要がある。少なくとも社会党は片山内閣、村山内閣と二度政権についてきたし衆議院議員数においても三分の一近い議席数

を誇っていた。その社会党も九〇年代を境に大きく後退し、今や衆参に各一名ずつの議席という取るに足らない勢力になっている。

なぜ第二次世界大戦後、社会党・共産党は社会的に大きな位置を占めることが可能であったのか。もちろん社会党や共産党自身のそれぞれの努力があるが、それよりも共通する社会的土台があったが、それが大きく変わった。それに対する対応が十分でなかった。そのことをまず解明する必要がある。

第一に反戦平和の国民的合意があった。

第二次世界大戦で日本人は三一〇万人が亡くなり、全国の一〇〇を超える都市が無差別爆撃で破壊され、広島・長崎に原爆が投下され一瞬にして二一万人の人々が殺された。この国民的な戦争体験によって反戦・平和・反核は広範な国民的世論であった。この世論の反映として平和を説いた社会党・共産党の支持の広がりがあった。

第二に高度成長が春闘・福祉国家・革新自治体づくりの背景となった。

高度成長の最中、社会党や共産党などの革新勢力は高度成長政策を批判していた。しかし高度成長の始まりと同時に、資本側と労働側の利益の配分をめぐる春闘が発足し、賃上げを実現し労働組合・労働運動の前進をもたらした。その労働運動の高揚を背景に高度成長で税収の増えた国や自治体を相手にした年金や医療保険の改善を求める国民的運動が進み福祉国家づくりを勝ち取っていった。また高度成長の負の面としての公害などの改善を求める住民運動の高揚、それを背景にした革新自治体づくりも進んだ。こうした運動を基礎に選挙や党勢拡大でも前進した。

第三はソ連をはじめとする社会主義国家の存在があった。

搾取と貧困が覆う日々の暮らしに対して、社会主義のソ連では「働く者が主人公の世界で、医療や教育は大学まで無料で保障されている」と宣伝されて、社会主義は少なからずの国民の希望になっていた。事実、社会主義世界での福祉や教育の実績が資本主義国での社会保障確立の力にもなっていた。

しかし一九九一年にソ連や東欧の社会主義国は崩壊し資本主義国になった。そして引き続き共産党が政権を握り社会主義国を名乗っている中国やベトナムにおいて改革開放・ドイモイ（刷新）の名によって外資の導入、私的経営の容認がなされ、一気に高度成長をとげ、社会主義の資本主義への優位性という神話が崩れた。

2）現在の共産党は次のような問題を抱えている。

①社会党はもとより共産党も国民の前に資本主義を乗り越える社会について新たな説得力ある展望を示し得ていない。この克服が決定的に重要である。このことを私は二〇二二年に『ポスト資本主義のためにマルクスを乗り越える』で書き、売り切れになっている。しかし共産党は一言も論評せず無視してきた。

②一九八五年のバブル崩壊によって高度成長は終わった。それは同時に春闘方式の終わりとなった。税収不足の国や自治体は臨調行革の名の基に福祉政策の切り捨てを進め、市民運動や住民運動が具体的成果を挙げることが困難になり、それらを基礎にした社会党や共産党の支持を広げることも困難となった。

戦後日本の労働運動の中心であった企業別労働組合運動はバブル崩壊の下に弱点を示した。それを克服すべき産業別個人加盟制組合運動に発展させる努力も足りなかった。また国や自治体に対する闘争だけではなく、自ら協同組合や労働者参加企業創設などによって新たに生活を守る取り組みも一部例外を除いて十分に発展させることができなかった。

バブル崩壊後の「失われた三〇年」の間、日本の労働者の賃金はほとんど上がらなかった。しかし産業別個人加盟制の労働組合によって闘ってきた欧米ではほぼ平均二〇%以上の賃上げを勝ち取ってきた。また南欧に広がった各種協同組合運動は、生活の改善と連帯を広げてきたが、日本ではその努力が十分ではなかった。

③そして戦後の日本の平和運動は被害の実相を国民的体験として述べる場合が大半で、加害の問題を含めてアジアの地域の人々との国際連帯を強め、和解を進める取り組みが弱かった。そのため戦争体験世代が亡くなるにしたがって平和運動は小さくなってきた。もう一つの論として「日本が再び侵略する危険がある。これを止めなればならない」として国民へ働きかけていた。しかし二一世紀になって、侵略する危険より侵略される危険が急浮上し、従来型の平和運動だけでは国民的世論の大きな流れを作ることが出来なくなってきた。侵略される危険を直視しつつ、それを口実にした新たな戦争政策を批判するという新しい課題に対する工夫が必要になっている。

今回の『百年史』の何処を見ても、戦後日本社会において社会党や共産党が躍進してきた理由と、社会主義の崩壊、高度成長の終焉、侵略される危険の増大など社会の根本的変化により困難になってきたこと、その克服の方向の解明がなされていない。

上記の私の三つの論点は一つの試論である。しかし今、日本共産党は、このことを全党や支持者の英知を結集して解明しなければならない。それをしないで従来の認識と路線の繰り返しでは新たな発展どころか衰退の道をすすむことになるだろう。

次に『百年史』で書かれ個々の論点について書くことにする。そのさい膨大な記述の一つ一つに触れるわけにはいかないので、今日、共産党が前進するためには、この点は正しておく必要があると思われる問題に限定して書く。（八月二〇日）

2、コミンテルン日本支部として創立された

コミンテルンとの関係は三ページにおいて極めて限定的に書かれている。しかし今日に続く共産党の根本問題を解明し打開するためには、もっときちんと深める必要がある。日本共産党はレーニンが創設したコミンテルン（世界共産党）の日本支部として創立された。コミンテルンは加盟にあたって二一か条の条件を明らかにし、それを認めてこそ加盟できた。その中心命題は、①革命は暴力革命として行う、②組織原則は民主主義的中央集権制とし、各国の支部はコミンテルンの指示に従う。職業革命家による党、機関紙中心の活動として運営する。その財政はコミンテルンから支給されていた。③名前は共産党を名乗る、というものであった。

日本共産党は戦後、様々な経緯を経て自主独立路線を確立していき暴力革命路線は脱皮し議会を通じて社会変革を進めることになった。しかし、②組織原則しての民主集中制と専従活動家と機関紙中心の党運営、③党名を共産党とする点については変更しないままに来ている。この民主集中制と専従活動家・機関紙を中心とした党運営が今日、桎梏となっている。また共産主義の名のもとに人類的悲劇が起こったことが明らかになっている今日に、なお共産党を名乗っていて国民の多数を組織できないことが明瞭になっている。この点についてきちんと深めなければならない。

3、リベラリスト・社会民主主義者をきちんと評価すべき

共産党が戦前史を語る場合「唯一戦争に反対した党」と自己の存在の意義を語ってきた。しか一九三五年七月、コミンテルン第七回大会において反ファシズム統一戦線の方針が出された時、その年の三月に最後の中央委員であった袴田里見が逮捕されていて統一的活動が出来ていなかった。従って共産党は反ファシズム統一戦線運動を日本では組織できなかった。それに対して京都を中心とした自由主義者や、横浜を中心とした社会民主主義はコミンテルンが呼びかけた反ファシズム統一戦線の呼びかけに応えた大衆的運動を組織していた。それも第二次世界大戦までに弾圧されつくされた。

今日、自公政権や維新などによって憲法改悪を含めた戦争をする国造りが行われようとしているとき、戦争に反対したのは唯一日本共産党だけだと主張し、戦前におけるリベラリストや社会民主主義者の取り組みを評価しない党史は間違いである。戦前の最大の教訓は日本において共産党、社会党、リベラリストが団結して反ファシズム統一戦線を形成できなかったことである点を明確にし、統一を呼びかけることである。

一九三五年の反ファシズム統一戦線論が提起されるまでのコミンテルンはスターリンの社会民主主義主要打撃論に基づき、社会民主主義者に対して打撃的攻撃を行っていた。またスターリンのベルト論（党の方針を大衆団体の党員を通じて機械的に押し付ける）に基づいて当時、党が影響力を持っていた労働組合や農民組合に「天皇制打倒」の方針・スローガンを持ち込み、合法団体であったこれらの組織は治安維持法違反の非合法団体にされ、その幹部を逮捕に追い込まれてしまった。これらについてのまともな反省の記述は見当たらない。スローガンが

理論的・一般的に正しいということと、情勢と団体の性格、統一の見地を踏まえた活動と言う点でたえざる探求が必要だが、戦前の活動の弱点をきちんと踏まえなければ、戦後の闘いにも生かされない事を触れなければならない。「顕治と百合子の手紙」が取り上げられているが、これは個人の思想的営みであって、これを取り上げながら社会民主主義者やリベラリスト達の社会運動を取りあげないのは、あまりにも偏狭な記述と言わざるを得ない。（九月二日）

4、「五〇年問題」では宮本顕治氏に何の問題もなかったのか

「五〇年問題」とは一九五〇年代初頭、ソ連のスターリンと中国の毛沢東の干渉により、日本共産党が分裂させられ、徳田球一・野坂参三等の多数派が暴力行動を起こし日本共産党は社会的支持を失った事件である。今回の『百年史』においても従来の記述・評価が踏襲された。つまり「徳田・野坂等の分派が行ったことであり、今日の党を築いた宮本顕治等に責任のある問題ではない」としている。大筋ではそうだが本当に宮本顕治等に何の責任もなかったのか。

スターリン支配下にあったコミンフォルム（共産党労働者党情報局）が「野坂等の占領下の平和革命論は間違い」との論評を掲載した時、最初に、それに賛同して「聞くべきである」と主張したのは宮本顕治等であった（だから国際派と言われた）。徳田・野坂らは「事情を聞くべきである」との所感を表明した（したがって所感派と言われ）。しかしマッカーサーを責任者とする占領軍が日本共産党中央委員の追放を命令した時、徳田・野坂は臨時中央委員会を開催して対策を立てることなく宮本顕治・袴田里見・志賀義雄等を排除して一方的に地下活動に入った。

やがてスターリン・毛沢東の指示で中国の北京に北京機関という組織（最高時二〇〇〇名ぐらいの日本共産党員がいた）をつくり、そこから日本国内にたいして暴力革命路線を持ち込み、実際には朝鮮戦争に参加する米軍の行動を妨害するための暴力行動を中心に行っていた。しかしそのような行動が国民に支持されるわけがなく急速に破綻し、一九四九年総選挙で三五名当選した議員は一九五二年の総選挙でゼロとなり一〇万名いた共産党員は二万名余りになってしまった。徳田が一九五三年に亡くなったこともあり再統一の機運が広がり一九五五年第六回全国協議会が開かれ「再統一」した。しかしそれに先立ち宮本顕治は所感派の国内責任者であった志田茂雄に自己批判書を提出して戻った。また開催された六全協では暴力革命路線を決めた「五一年綱領は正しかった」にも同意した。そして徳田とともに北京にわたり日本国内に武装闘争を指示した野坂参三の責任を問うことなく彼が第一書記（後に議長）に就任することも認めた。徳田・野坂が暴力路線を取った時、宮本顕治等は排除されていたので暴力路線に直接の責任はない。しかし六全協を巡って宮本顕治等が取った対応について何の問題もないとは言えない。私は当時の事情（九割程の圧倒的多数が所感派）の下で再統一を実現するためには、そのような妥協もありえたと思う。しかし宮本顕治等には何の問題もないという評価では当時の共産党員が「腑に落ちた」とは思えない。事実、私の若いころ京都府委員会では圧倒的多数は旧所感派の人々であり、公然と「宮本は勝手なことを言っている」と言う人々がいた。

そして全国的にも当時、九割近くが所感派の人々であり、国際派は一割もいるかいないかであった。敗戦後「あの戦争下、戦争と闘い、獄中一八年間を耐えた人々」という評価で多くの若者が共産党に入党し闘った。それらの人々が職を失い、傷つき、ある場合は亡くなった。それを「あれは分派が行ったこと」と切って捨てるような言い方だけでいいのだろうか。圧倒的多数の党員は中央内の複雑な事情は分からなかった。それらの人々が党中央の指示と思って行動し人生を失ったのである。「党中央の指示と思って行動し、人生に傷ついた人々に現在の党中央としてお詫び申し上げる」とぐらい言えないのか。党創立一〇〇年を記念して書かれた『百年史』である。私は、一つの歴史の節としてもう一歩踏み込んで人間的な総括をしてほしいと思ったが、皆さんはどうだろうか。（九月五日）

5、全会一致と「党勢倍加運動」が今日に至る困難の重要な要因

一九六一年の第八回党大会において、現在の党綱領の原型となる「六一年綱領」が全会一致で決定された。三年前の第七回党大会では三分の一の代議員が反対していたので決定せず、次回の八回党大会へ持ち越しとされた。そして安保闘争という国民的体験と三年に及ぶ民主的討議によって、反帝反独占の民主主義革命という革命論が全会一致で決定されたと記述されている。私も基本的にそう思うし当時の状況下では「正しい革命論」であったと思う。しかし問題はそんなに単純ではない。

まず第一に、本当に全会一致はいいことなのか。共産党は「真理は一つであり、このことは七回大会から八回大会の経過で証明されている」と言う。しかし綱領のような基本的戦略と違って政策や方針は真理ではなく相対的選択である。議論を尽くせば一つの真理にたどり着くという問題ではない。最近のことで言えば同性結婚については党員といえども無条件賛成などありえない。自治体や国会で態度を求められれば多数決で当面の対応を決めざるを得ないし、安楽死は死生観にかかわる問題であり多数決で決定するような問題ではなく自主投票にせざるを得ないだろう。執行部（常任幹部会）から提案された案について様々な角度からの議論をしてこそ相対的多

数で決定できる。自由な討論・多数決制があってこそ政策・方針の豊かな発展がある。

もう一つは「本当に全会一致だったのか」という問題である。戦争直後の第四回党大会から第七回党大会に至る過程は日本が戦前の天皇制社会から国民主権の社会に大激変していた。そして日本の歴史上初めて外国に軍事占領されるという事態となっていた。それらに対しどう戦うかという点で党内に様々な意見があることは誰もが分かっていた。従って自由な討論を踏まえ多数決で決定して臨んだのは当然のことであった。しかし第八回党大会に向けて宮本が提案していた綱領草案でほぼ一致し始めていた。そうした中で党大会代議員の選出であるが、党から給料を支給される専従職員が代議員の圧倒的多数を占めていた。また、今と同じように、地区党会議、県党会議において綱領草案に反対の人は代議員に選出されないというやり方が行われた。中央委員で反対の人は代議員に選ばれず、議決権の無い評議員として出席した。この方式がこの八回大会以降定着させられ以来六〇年間満場一致が続いてきた。ここには「五〇年問題」を克服してきた宮本氏の自信が生んだ「真理の体現者」的な思い上がりがあったと考える。

この第八回党大会前の一九五八年の一一月に開催された第七回中央委員会総会において「党勢倍化運動」が決定され、全党員に呼びかけられ中央から「全党の同志への手紙」が出された。それは党の政治的影響に比べて余りにも党勢が小さかったので、それを打開するために決定され呼びかけられたのである。私は当時の状況の下では「正しい決定」であったと考える。そして実際、倍化運動は成功した。しかしその成功経験から、その後、何回もの「月間」が提起された。しかし期日をきめて目標の達成を目指す運動はノルマ主義を生む危険がある。そして実際、中央がどういう言い方をしても、中央・県・地区・支部の間では数字で表される拡大が追求されやすくなり大衆運動の状況を報告していても「それでいくら拡大したのか」との追求・指導がうまれた。そして当時、拡大でもてはやされていた宮城・愛知県の県委員会が水増し報告していたことが内部告発で明らかになり県委員長が処分されるという事態が起こった。それでもまだ一九八〇年の第一五回党大会までは増えたり減ったりしながら増勢してきた。しかし一九八〇年の一五回大会以来今日までは、党大会毎に減り続けてきたのである。それを反動勢力を打ち破り選挙で前進するためには一三〇%の党勢が必要だと一面的に必要性だけを説き事実上「党勢拡大」だけを延々と提起し追求し、下部に負担を追わせ、党を疲弊させ潰している。

この八回大会以来の満場一致と「党勢倍化運動」は、宮本顕治の成功体験の誇示が付きまとった失敗である。しかし宮本顕治に後継者指名されて書記局長・委員長になった志位和夫氏は宮本路線から抜け出せず、繰り返し「一三〇%目標達成の党勢拡大運動」を提起し党を破壊している。日ロ戦争の局地戦で勝利した日本軍は、太平洋戦争の時代になっても日本海海戦の大艦巨砲主義、旅順攻略の人海戦術に固執し玉砕していったの同じである。「成功は失敗の下」の典型である。（九月七日）

6、「民主集中制議論」で知識人が離れ、新日和見主義事件で民青中央が壊滅

この六〇年代後半から七〇年代前半にかけて日本では「七〇年安保闘争」、沖縄返還闘争、大学民主化闘争、そして住民運動の高揚と革新自治体作りなどが進み、社会党・共産党をはじめとする革新勢力は大きく前進していた。しかしその陰で共産党は重大な組織問題に直面し今日に続く困難を抱え込むことになった。

1）「民主集中制議論」での知識人の党ばなれとはどういうものだったか。

日本は本格的な高度成長によって七〇年代になると、核家族生活、個の確立や個性の尊重、そして民主主義的な社会気風の確立など、明らかに戦前とは異なる社会生活が生まれてきた。そうしたときロシア革命に由来しコミンテルン時代の民主集中制は明らかに日本社会で国民の多数を組織し、国民の意向に即して一歩一歩社会を変えて行くという政治改革を担う共産党の組織方針として適切でないことが露呈し始めていた。そうした中でマルクス主義政治学者であった藤井一行・田口富久治氏等によって民主集中制の見直しが提起された。これに対して不破哲三氏など共産党の指導部は機関紙「赤旗」や雑誌「前衛」で「前衛党の組織論の放棄」などと攻撃し排撃した。その様子を見て知識人の間では「共産党に物を言えば、人格まで否定される攻撃を受ける」と共産党と距離を置く流れが広がり今日に続いている。

しかし不破哲三氏が田口富久治氏などを批判したやり方は、宮本顕治氏によって「お前も同じではないか」と、三〇年も前に不破氏と上田耕一郎氏が発刊した『戦後革命論争史』が党内問題を党外で論じた自由分散主義として問題にされることになり、一九八三年になって幹部会委員長である不破氏、同じく副委員長である上田氏の両名が「前衛」で自己批判書を書かされるという事態となった。ここに共産党は幹部会委員長といえども党の組織論や革命論でコミンテルン以来の宮本の理論を超えることが出来なくなり、現代日本社会に適合した創造的探求ができない党になってしまった。

2）新日和見主義事件での民青中央の壊滅は重大であった。

六〇年代から七〇年代にかけて共産党は「六一年綱領」の具体化として、選挙で多数を獲得し社会を変えて行くことをより明確にした人民的議会主義を打ち出した。そしてそれを保障する党勢拡大運動に一層力を入れていった。この方向は先に示したように理論的には正しい。しかし現場の県・地区と支部の間では数であらわされる党勢拡大・選挙の票読みに一面化させる活動傾向が生まれていった。

これに対して再建全学連の初代委員長で民青中央常任委員で党中央の学生対策部長であった川上徹氏などが疑問を呈し始めていた。それに対し宮本顕治氏は「分派」の匂いを感じ、あぶりだすことも含めて民青同盟に年齢制限を持ち込んだ。これに対して圧倒的多数の民青中央委員は反対の意思表示を行った。ところが宮本顕治氏は、それを分派の動きの証拠として民青中央役員の党員にたいして党としての査問を常任幹部会が中心となって行い二〇〇名程の中央委員のうち一〇〇名程の党員を処分に付すとともに、極く一部例外を除いて大半の役員を年齢制限を理由にして民青中央から追放してしまった。

こうして日本における青年運動で重要な役割を果たしていた民青中央は壊滅されてしまった。それは同時に共産党員への成長の場であり、共産党の後継者のプールを破壊することになり今日にいたる困難を作り出すことになった。最盛期二四万人いた民青同盟員はいまや数千人であり、一万人の民青を目標にして活動している。

注目すべきことは、今回『百年史』に、この二つの事件が全く記述されていないことである。国民との幅広い共同とかリスペクトとか言っても、藤井・田口・加藤問題が誤りであった事を明確にしない限り、知識人の間での共産党の信頼が回復さることはないだろう。また新日和見主義事件が宮本顕治氏の度し難い猜疑心によるものであったと同時に、査問に参加した常任幹部会員の多数がかつて宮本氏の秘書であった人達によって占められるという家父長的党運営が、それを止められないということを露呈した事件でもあった。当時民青から追放された党員にたいして冤罪を晴らし、謝罪しない限り青年の中での党の根本的な前進はないだろう。（九月一〇日）

7、社会主義論・共産主義論での誤り

最初に書いたように、個々の論点を扱えばきりがないので、今日共産党が次への発展を遂げるために明確にしておかなければならない問題に限定してきた。そうした問題で大きく根本的な問題が共産党の目標である社会主義・共産主義の問題がある。

1）一九八〇年代末に東欧の社会主義国が崩壊しはじめ、遂に世界で最初に社会主義革命行ったソ連が一九九一年に崩壊した。いずれも資本主義国に移行した。そして今なお共産党一党独裁体制を続け社会主義国を名乗っている中国・ベトナムが改革開放・ドイモイ（刷新）の名によって外資を導入し私的資本の活動を容認した結果、それまでの停滞していた経済が大飛躍し高度成長を果たし社会主義の資本主義への優位性という神話が崩れ去った。これらをどのように見て未来社会を展望するかが迫られた。

ソビエトが崩壊した時、自民党から「本家本元のソ連が崩壊し、あなた方の言う社会主義も終わりだな」と言われた宮本委員長（当時）は「あれは社会主義でもなんでもなかった。巨悪の崩壊万歳だ」と語った。私は、政治家のとっさの発言としてはありえた受け答えだと思った。しかし何時までもそのような認識・発言では国民を納得させることは出来なかった。それまでも共産党はソ連を含めた社会主義国を「生成期」として位置づけていた。つまり遅れた国から社会主義へ向かった制約性のある社会主義国と言っていた。それを社会主義国でなかったと言い出したのであるから、それでは生成期と言っていたこととの責任が問われた。結局三年後の二〇回党大会において崩壊後色々調べると社会主義と言えるものではなかったとした。

2）この中で厳しく問われた問題が宮本委員長が二度にわたってルーマニアを訪れ独裁者チャウシェスクと共同宣言を出していたことである。ソ連にたいして自主独立であることだけを評価し、ゴルバチョフでさえ相手にしていなかった独裁者であることを正しく見ない誤った態度あり、宮本氏の行動はマスコミ・国民、とりわけ東欧問題の研究者であった加藤哲郎氏から厳しく批判された。それに対して共産党は加藤哲郎氏を批判した。今回の『百年史』では、これらのことに全く触れずルーマニア崩壊直前に民主化を求める民衆にたいして弾圧したことへ抗議文書を送ったことだけを記している。

「あれは社会主義でもなんでもなかった」という主張にたいして「それでは社会主義の展望は」との当然の疑問が生まれる。一方、共産党は「中国・ベトナム・キューバを社会主義を目指している国々」位置づけた。そして中国やベトナムの共産党とのシンポジウムにおいて不破氏などは資本主義導入を「社会主義計画経済と市場経済の結合」と美化した。

しかし私など仕事で中国やベトナムに何回も通っている人間はトヨタなど資本主義企業そのものが進出しており資本主義的労使関係・搾取関係が広がっていることを見聞していた。そして不破氏などが「社会主義への展望」で党を結束させるための空理空論を述べていると批判していた。その事実から逃げられず共産党はついに第二八回党大会において、その大国主義的行動を上げて「中国はもはや社会主義国とは言えない」とした。しかしその経済については内政干渉になるので言えないとした。野党である日本共産党が中国の経済について分析した結果評価を行っても内政干渉にはならない。その一方でベトナムのドイモイ政策については「期待している」と相矛盾する評価を行っている。

ところで共産党は文化大革命時、中国共産党から干渉破壊攻撃を受け政党間交流を断ち切っていた。ところが一九九七年中国共産党が「干渉政策は誤りであった」と表明したことから、「誠実な党として評価して両党関係を回復させる」との対応を示した。私は「民主化を求める市民・学生を二〇〇〇人も虐殺した天安門事件を反省し謝罪もしない中国共産党を誠実な党として評価して交流するなど間違っている」と語って物議をかもしていた。結局のところ宮本氏も不破氏もルーマニア共産党・中国共産党が日本共産党、そして自分宮本・不破をどのように扱うが判断基準であり、自国民にたいする迫害・人権無視は判断基準の第一にはおかれていなかったのである。

そして「中国はもはや社会主義国とは言えない」と主張すると、いよいよ国民に社会主義の展望を示せなくなった。そこで言いだしたのが第二八回党大会の「マルクスが言っているように発達した資本主義国からの社会主義への移行こそ大道である」という主張である。一七〇年も前の一八四七年にエンゲルスが『共産主義の原理』で述べたイギリス・フランス・ドイツ等の先進国から革命が始まるという一節を取りだしてもっともらしく言い出したのである。しかしそれから今日に至まで先進国で社会主義へ移行した国はない。それどころか先進国で社会主義・共産主義を目指している大衆的共産党が存在している国は日本のみであり、それも急速に減少し高齢化している。それでどうして社会主義への変革は先進国が大道であるなどと言えるか。

しかも共産党は綱領において六一年綱領では「民主主義革命から連続的に社会主義に向かう」としていたが現在の綱領では連続性を消して課題としている。そして、かつて「民主連合政府を七〇年代の遅くない時期に」と言っていたものを、現在では「二一世紀の遅くない時期に」と一〇〇年単位のこととしている。民主連合政府でさえ一〇〇年単位のことであるから社会主義は二〇〇年三〇〇年単位先のことである。これでは現実政治の展望を示し闘う政党の政治目標とは言えない。つまり共産党はもはや社会主義・共産主義を政治目標としなくなっているのである。にも係わらず、不破哲三氏がマルクスの言説のあれこれを取り出して未来社会論を論じ党員に学ばせ、彼の解釈以外の説を述べる人をマルクス主義者でないとして、その著作を「赤旗」での広告さえ拒否するやり方は間違っている。

3）この「未来社会論」とかかわって、私は『ポスト資本主義のためにマルクスを乗り越える』の中で、不破氏のマルクス『ゴータ綱領批判』の読み方は間違っていると批判した。彼は社会主義・共産主義の二段階論は間違であり社会主義・共産主義は一つの段階であるという珍説を述べた。しかしマルクス自身が「『ゴータ綱領批判』の中で二段階論を述べている。また不破氏は従来二段階論の論拠としてマルクスが低い段階では労働に応じて、高い段階では必要に応じてと言うのはレーニンの配分論に傾斜した「ゴータ綱領批判」の誤った読み方であるとした。

今回の『百年史』では『ゴータ綱領批判』を持ち出さずレーニンが『ゴータ綱領批判』を引用した『国家と革命』を持ち出し、そこで書かれている二段階論を批判し一段階論を説いている。いずれも間違っているが「レーニンが『ゴータ綱領批判』を読み間違った」というかつての説を消している。また私が前回批判した全面発達論を性懲りもなく主張するとともに「日本における社会主義への道程において守り抜く立場として『生産者が主役』という原則を踏み外してならないこと、市場経済を通じて社会主義へ進むことなどを明記しました」としている。日本における就業構造において生産者は今や二〇％を割っている。その生産者が主人公の社会ではなく、少なくとも働くものが主人公と言わなければならないが、国民が主人公の社会が正しいのだろう。また市場経済を通じて社会主義へ進むとは何も言っていないのに等しい。結局、資本主義を乗り越える社会とは何かについてもっと多様な研究が必要なのである。（この項、書き下ろし）

8、志位講演について

九月一五日、志位和夫委員長による党創立一〇一周記念講演が行われた。明くる一六日の「赤旗」に要旨、そして一七日の「赤旗」に五ページに渡って全文が掲載された。私は一通り読んでみた。基本的には先に発表された『百年史』と同じものである。根本的欠陥は既に記したが一九八〇年の第一五回党大会以降、毎回の党大会で党勢（党員、機関紙）が四〇年余り減り続けていることにたいして、総括と戦略的打開策が示されていない事である。そして記述として二点強調した。すなわち、①政治闘争（階級闘争）の弁証法、②いかなる時でも党勢拡大に取り組んできた。。

①「階級闘争の弁証法」とは志位氏によると「共産党が前進すれば、反動勢力はそれを抑えにかかり、それとの闘いを通じて党は新たな前進を遂げる。そこに確信を持って臨もう」という主張である。しかし先に示したように一九八〇年の第一五回党大会以来、党勢力は一貫して後退し党員は半分、機関紙四分の一に減っているのである。つまり一九八〇年以来、反撃に転じたことは一度もないのである。これでは弁証法的発展とは言えない。

②党勢の拡大は必要である。しかし日常活動を含めた大衆運動、大衆組織の拡大・統一戦線運動などにより党の権威の引き上げ、つまり「種を播き、育てる」地道な活動によって党の影響力を広げる工夫と努力を脇に置いたまま、「一三〇％という天文学的拡大目標」の必要性を説き「月間」を繰り返すだけで党が疲弊している事を無

視した方針を繰り返し展開し、党破壊を進めていることを抜本的に改めなければならないのに「この時も、この時も党勢拡大を進めた」との論述を教訓としているのでは現実を無視した議論である。（九月一九日）

九月一七日の日曜日は全国各地で地方議会の選挙・投票が行われた。長野市は六名の現職が五名になった。「赤旗」では今のところ報じられないが山形県の中山町は現職が次点で敗れ空白に、岐阜県の北方町も現職が次点で落選し空白に、そして兵庫県の猪名川町も現職が次点で落選し空白になった。何時までも過去の栄光だけをメインにした党史では駄目で現実を直視し、なぜそうなったのか、どうやって現状を打開するのかを、全党・支持者の意見の聴取を含めた議論が必要である。

9、京都府委員会寺田副委員長の「非難論文」について

共産党「反共反撃」を「赤旗」などで書かず、党内向けアピールなどで私・鈴木や松竹氏の名前を挙げて糾弾している。一体どうなっているのか。

二〇二三年三月一七日の「赤旗」の二面の下に私・鈴木の除名処分が告知されて以降、この七か月余り「赤旗」紙上で一度も私の批判は掲載されなかった。それどころか「日曜版」では「除名告知」すら報道されなかった。

第八回中央委員会総会、九回中央委員会総会そして一一月二日に開催されたオンライン全国都道府県委員長会議において、小池書記局長は福岡県委員会が県委員長などによる党内向けアピールで私・鈴木や松竹氏を名指しで反共主義者として追及していることを模範的活動として紹介し全国に学ぶように呼びかけている。しかし本当に反共攻撃がおこなわれているなら、国民そして党員に判るように「赤旗」紙上などで公然と反撃を行えば良い。

そうすれば私も受けて立って論戦するだろう。

ところで小池書記局長が、こんなに呼びかけているのに、全国で唯一除名者を出している京都府委員会はどうするのかと注視していた。

そうすると一〇月二三日（月曜日）に開催された京都の先の支部長会議において、寺田茂副委員長の名による私への批判を内容とするA4版八ページに及ぶ「非難論文」が支部長に配布された。ただしコピー厳禁だそうである。だから非公開の党内だけの独りよがりな一方通行の「非難論文」である。除名処分から既に七か月以上もたっているのに、今頃になって突然、私への「非難論文」を下ろすのは、今だに党内でくすぶっているのであろう。

書かれている内容は三月九日の調査と三月一五日の除名処分を決める常任委員会の時に議論したもので、私の主張を意図的にすり替えた攻撃である。ただ、ここまでの私の論考で述べたものであり、あえて改めて独自に批判文を書く必要は無いと判断した。ただ寺田氏が書いている問題で、これまで論じられていなかった二点だけ取り上げておく。

①「党規約は全党員参加の党首公選制をとっていないことは明白」と論じる

承知のように私は党首公選制を論じてきた。党規約第三条三で「すべての指導機関は選挙によってつくられる」と規定されており「党首公選制をおこなわない」とは書かれていない。私は「党首公選制も、選挙の形態での一つである」と論じてきた。それに対して二〇二二年八月二四日付「赤旗」に掲載された「革命政党の幹部政策」で「党首公選制を行えば分派が生まれ党に分裂がもたらされる」と反論されてきた。ところが寺田氏は党規約第二三条において「中央委員会は、中央委員会幹部会委員と幹部会委員長、幹部会副委員長若干名、書記局長を選出する……」と規定されており「党首公選制をとっていないことは明白です」と論じている。この記述をもって党首公選制を行わない解釈をするなら「革命政党の幹部政策」などの論文は必要でなかった。しかも、党首公選を行っても、その結果を尊重して中央委員会が選出すれば、現行規約上は何の問題もない。いずれにしても前党大会時の常任幹部会（委員長は志位氏）が次期幹部会三役（委員長志位氏）を推薦するやり方が委員長独裁を防ぐ「最も民主的な選挙制度である」と抗弁している。この解釈は最近志位委員長をはじめとする中央の幹部が言い出していることであり、徹底的な論争になるだろう。

②来年の京都市長選挙のこと

来年の京都市長選挙にあたって、共産党京都府委員会は出馬を表明している福山和人氏の要望を受けて推薦も支持もしないと表明。私は首長選挙の母体をどのような形にするかはその時々の情勢と運動によって決まるものであり、特定の形態が良いなどとは言わない。しかし今回のように候補者を推薦しないという方針は戦後地方自治制度が発足して以来初めてのことである。寺田茂副委員長を含めて京都府委員会は、市長選挙にあたってこのような対応をすることについて党員・市民に良く判るように解明した論文を緊急に書くことが求められている。一一月二日の「赤旗」では渡辺委員長と寺田副委員長が、この件について記者会見を行っている。ところが前半では福山氏の要望に応えて「推薦しない」と言いながら、後半では「福山さんの勝利をめざして全力をあげることを表明する」としている。結局、共産党はどのように闘うのか不鮮明であり党員や市民は戸惑っている。いま寺田氏や府委員会に求められているのは、このことについて党員や支持者、市民が腑に落ちる説得力ある論文を至急書き知らせることである。ところがその肝心なことについては書かず、非公開の場所で「鈴木非難論文」を書いて配るなどは政党としての対応がズレている。このようなことを続けている限り、自壊して行くことになるだろう。

第七章

日本共産党への改革提言

先に私は危機に瀕している共産党への改革を提言する本として『手紙』を出版した。それに対して共産党の志位指導部は聞く耳持たずで問答無用に私を除名処分とした。本著は除名処分を巡る問題を経過に即して明らかにした。しかし前著を読んでいない人には私が提起している改革の内容は伝わっていない。そこで本著の最後に『手紙』で書いた改革を再提起することにする。ただし本著の中で触れていることについては重複を避けページ数のことも考え割愛することにした。

1、不破流共産主義を目標から外し、社会変革を願う人々との共同に努める

今まで見てきたように、マルクスの理論に基づいて行われたロシア革命とそのあとのソ連社会主義建設は失敗し崩壊した。中国も行き詰まり、共産党一党独裁の下で外資導入を牽引車にして資本主義化をすすめ、開発独裁型の大躍進をした。そして日本共産党自身、「社会主義への道は長い過程」と言い出し、社会主義・共産主義の実現を政治目標から遠ざけつつある。にもかかわらず共産党の元議長で常任幹部会員・社研所長の不破哲三氏は、マルクスのあれこれの文献を恣意的に取り出して「未来社会論・共産主義」を説き、全党員への学習を呼びかけている。

共産党は国民の団結を図るために不破哲三流の未来社会論・共産主義を根本目標から外すべきところに来ている。それでは資本主義に問題は無いかと言えばそうではないことは明白で、多様な人々が「資本主義の危機」「資本主義の終焉」など様々な形で資本主義の克服を説いている。しかし提唱者の多くは、資本主義の先の社会は一〇〇年二〇〇年単位先のこととして述べている。そうしたときに不破氏が、資本主義の先の未来社会について

あれこれ論を立てて、それと違う論を述べる人を「真のマルクス主義者ではない」と批判したり無視したりすることは、様々に社会進歩を望んでいる人々の団結を妨げるだけである。あらゆる社会主義志向勢力を結集して闘うという立場に立つなら、簡潔に「資本主義を克服し、自由・平等・共同の社会を目指そう」と言うぐらいのことで良いであろう。

ところで私は『ポスト資本主義のためにマルクスを乗り越える』（かもがわ出版）という本を出し、我々はマルクスを乗り越える必要があると説いた。その少し前に若手研究者である斎藤幸平氏が『人新世の「資本論」』という本を出版した。従来のマルクス理解は、生産力の発展が世界を変え、労働者階級が革命によって資本主義を打倒し、より生産力を発展させるという解釈であった。しかし斎藤氏は、『資本論』第一巻を完成させて以降のマルクスは、際限のない生産力の発展は環境破壊を起こし人類の生存の基盤自身を脅かし始めているとの認識の下、生産力の発展を追い求めるべきではなく、「脱成長コミュニズム」「アソシエーション（共同社会）を目指すべきである」と述べていたことを明らかにした。

この晩期マルクスの到達点についての新しい解釈は大きな反響を呼んでいる。この本は私の本と同様に「赤旗」での論評や広告は掲載されていないだけではなく、全く無視されている。私は斎藤氏の説について『ポスト資本主義のためにマルクスを乗り越える』で辛口の批評を行ったが、否定しているわけではない。マルクスを乗り越えるか、晩期マルクスに新しい変革の方向を見出すかは別にして、資本主義を乗り越える社会を導く方向として、不破流のマルクス解釈だけではなく多様な変革の理論があり得る。不破流マルクス解釈だけが正しく、他の理論は批判・無視するというやり方は建設的ではない。資本主義を批判し克服していくために、今求められているのは自由で対等平等な研究討論で共同の道を探ることである。

いずれにしても重要なことは、反核平和、気候変動阻止・回復、多国企業の横暴規制などの人類的課題の解決のために、世界の国々・NPOと共同する日本政府の実現のために国民的団結を図ることである。

そうした中で一国単位の社会変革としては、さしあたって、まずは「北欧型福祉社会」＋「南欧型協同組合運動」を追求すべきではないでだろうか（これはあくまでも私の試論として提起）。その先の事は人類文明的に多角的に議論すれば良い。

我々のめざす運動はマルクスがどう言ったかを方向性とするものであってはならない。現実の社会状況、国家制度、運動を下に、国民の願いにこたえて運動を積み重ねて行く先に答えがあると考える。今、求められているのは何か、困難の中でも進んでいる運動は何か、それを解明し発展させる方向に、新しい社会像が浮かんでくると思う。

2、新自由主義を克服し、企業の横暴を国際的にも国内的にも規制する

国際的には最近、先進国間で企業の租税回避を規制するため最低税率を一五％にすることで合意がされた。COP26で二〇三〇年に産業革命以降の気温上昇を一・五度以内に抑える為に化石燃料の消費を五〇％減らすなどの合意が行われた。次のような社会変革が不可欠である。

1）格差が拡大している下、国家の再分配機能を強化することである。また所得（GNP）保障だけではなく住宅・教育・医療・福祉・労働時間削減など生活の質の改善を進めることが必要だ。

コロナ禍、世界的に人と対面・接触する仕事に従事し、狭い貧困な住宅に暮らす弱者に被害が集中した。そうしたこともあり先進国では各種給付金という形で所得保障の試みが行われた。しかし所得保障だけで生活が改善されるかというとそうでないことは明確である。文化的住宅、社会発展に見合う教育、国民皆保険・年金等の医療・福祉の充実、そして労働時間の削減による人間的生活向上を進めるべきだ。

2）私が提起する「北欧型福祉社会」＋「南欧型共同組合運動」とはどんなものか。所得の再分配機能を強化した北欧型福祉社会づくりは運動や選挙を背景にするが、実行は国家や自治体によって形成・実行されるものである。しかし国民主権の下で国民の主体的参加を実行するために国家や自治体による執政だけではなく、共同組合・従業員持ち株会社・財団法人やNGO等の様々な非営利法人などで、国民自身が労働と経営を管理する運営が大切である。自治体や国の事業を暫時これらの組織に委ねていき、ソ連などで起こった官僚主義を防ぎ真に働くものが主人公となる社会にしていくことが大切である。

なお一般的には余り知られていないが、北欧型の福祉社会においては日本と比較して労働者の雇用規制はゆるいものとなっている。産業構造・技術革新の変化のテンポが速い現代において、従来型の年功序列・終身雇用の維持は難しいのである。だからと言って新自由主義に基づき、労働者の解雇自由化や非正規化を行うことは、労働者の貧困化とともに国の活力も奪っていく。スウェーデンやデンマーク、ノルウェーでは解雇された労働者が新たな仕事につくための教育（大学教育を含めて）を無償で保障され、大学生の半分が二三歳以上の社会人経験者となっている。なお多くの場合、仕事を辞めて大学へ進学する場合、学費免除だけではなく最低限の生活保障金が支給されてきた。そして丁寧な就業斡旋を受けられるため労働者は心配なく仕事をやめ、新たな能力を身につけて新しい産業・企業に転職している。そのため産業界は思い切ってイノベーションを進めることができ、日本以上に活力ある社会・国家を築けているのである。教育の機会均等が保障され、高等教育まで無料化（近年は一部有料化が持ち込まれているが）されている。所得下位二〇％の家庭に生まれた人の最終的な所得水準を見ると、生れた時よりも上位に上がれる人の割合はスウェーデン七三％で、アメリカ（六七％）より高いという研究もある（「読売新聞」二〇二二年一月一日、一面記事）。

3）こうした改革は、マルクスやレーニンが述べたように政治革命を通じて一気に進めるというものではない。現行の国家の下で、大衆運動を基礎にした選挙闘争による議席増大に応じて改革が進められていくものである。同時に国家や自治体が変革される前から、協同組合や持ち株会社、財団法人などの創設・拡充が進められ、生活の改善と管理運営の経験を積み重ねていくのである。従来型の市場を通じないで、インターネットによって消費者と生産者が結び付き両者の生活が改善されるとともに、都市と農村の交流を進めるなど様々な場所で交流と連帯そして生活の質向上を追求していくべきであろう。

こうして社会の様々な分野でゆっくりとした改善が進んでいく運動と、それによって作り出されていく連帯した社会を、とりあえず私流の「ポスト資本主義的共同社会」と名付けておく。問題は共産党の存在意義の第一は、国民の護民官であるべきであるにも関わらず、こうした取り組みを持続的に活動する点で以前に比べて大幅に後退していることである。

4）その後をどう展望すれば良いか。人類がそこでとどまるわけはない。しかし私がここであれこれの空想的議論を展開しても意味がない。明確なことは人類は自然の一部であるので、自然の循環を乱さず、自然と共生していく社会を展望していくことになるだろうということである。同時に社会的には、地球市民として人類共同体を追求していき、一人一人の個性を尊重する社会、ジェンダー平等を含めて人種・民族・障害等の違いを超えた平等社会を求めて行くのであろう。ともかくマルクスの古典を引用し、特定の未来社会論を「これが正しい」として他の未来社会探求を間違っているなどと排斥することなく、人類共同の課題で連帯しながら多くの人々が自由に研究・討論していく中で先が見えてくるという見地に立つべきであろう。

その際、社会的共同は多様な形で進めていき、相互に学びながら、実験的に進めていくことが大切だと考えられる。自治体の民主化、協同組合の建設・充実、労働者持株会社、公共的資本主義企業、NPO法人経営、財団法人、学校法人など業種・産業分野、社会的性格の違いに合わせて多様な経営形態での取りくみを進め、その一長一短を学びあいながら進めるという実験的対応である。「どれがいい、どれは間違っている」などの無用な否定的議論を廃し、実験的取り組みを進めることが大切だ。

この点で拙著『ポスト資本主義のためにマルクスを乗り越える』で紹介したように、古くはマルクスと同時代のプルードンやジョン・スチュアート・ミル、ウィリアムス・ミルそして新しくはアンセル・ホネット(近著に『社会主義の理念』(法政大学出版会)がある)などの説は学ぶ必要がある。

こうして様々な共同組織によって生活擁護と連帯を築きながら、併せてその運動・取り組みを基礎に政治の革新を図ることを追求すべきである。こうした取り組みと呼応する政党が必要だ。つまり「革新・共同」的な党である。

私の友人たちの中には年金者党、環境党、生活者の党と同様に革新共同党の創立もありうるのではないかと言う方がいる。それで私は、その党と共産党の関係はどう考えておられるのかと質問した。「共産党に残りたい人は残り、新しい党に移りたい人は移るだけでなく、統一戦線的な党として作り、二重党籍を認めたらいいのではないか、ただし自分は高齢だから、そのような党づくりや行動を行う馬力はないので、共産党員として静かにあの世に向かうことでしょう」と言われた。そうした構想を含め日本社会変革の展望について従来の枠を超えた自由な討論が必要だと思うがどうだろうか。

3、連合時代における政党のあり方

アメリカ・イギリスを除く先進国の大半では、階層分化・要求の多様化の下で、一党で国民の多数の支持を獲得し単独で政権を樹立することは難しくなっており、連合政権となっている。その際、政権側と野党の間では、政策的違いは思われているほど大きくはない。野党に対して与党から「何でも反対の野党」と攻撃される場合があるが、実際には日本においても政権側や自治体の首長側から提案される法律・条例の八割から九割に共産党を含めた野党側は賛成している。したがって政権選択が課題となる選挙時における政策においても、政権側と野党側でそれほど極端に異なる政策が掲げられているわけではないし、野党側が極端に異なる政策を掲げれば国民の過半数の支持を得るのは難しいのが現状である。共産党でさえ連合政権の政策には天皇制廃止や自衛隊廃止、安保破棄は持ち込まないと言っている。つまり選挙を通じて漸次社会を変えていくという方針を取る限り、連合政権の道しかないし、政策においても政権与党と極端に異なる政策をかかげて闘う事もないのである。そうした下で選挙における争点はせいぜい四、五点であり、それも国家の在り方をめぐっての根本問題ではなく「消費税を一〇%から以前の五%へ戻せ」程度のことである。

そういう下で選挙を戦うにあたっては、選挙の顔となる政党の党首のキャラクターの果たす役割が大きいのは明らかだ。すなわち国民的なスター性がますます望まれるようになるということである。実際、アメリカの大統領選挙、ヨーロッパの選挙をみても、政策に大きな違いはないがキャラクターの違いでの人気投票的様子が大きいと思う。共産党も個性にあふれ、人をひきつける魅力ある人物を党首などに担ぐ必要があるだろう。

政党は元々、自らの政策で国民の支持を得て多数を獲得し、政権を樹立し社会を変えることを目的とした組織である。すなわち政党員は自ら所属する政党の政策の正しさに確信を持ち、強い帰属意識を持つことを要件としてきた。ところが連立連合政権を担うということは、A党の政策でなく、B党の政策でもない調整した第三の政策で選挙を闘うことを意味する。そして候補者は自らの政党に所属している候補者だけではなく、統一候補であったり、他の党の候補者を推して闘うことになる。その結果、以前と比べて政策的確信・帰属意識が緩やかなものになることは避けられない。そのため連合政権を組んでいる自民党や公明党も党員拡大に成功していないどころか減少に苦しんでいる。連合政権が普遍性の時代となった今、政党の新しい組織・活動スタイルの確立が必要である。

以上のように検討してくると、共産党の在り方について「社会民主主義政党に脱皮すべきである」との意見がある。私はそれも有力な考え方の一つであると思う。しかし私はなお考えるべきではないかと考えている。それは自公連立政権、そして自民党の在り方を考えるからである。つまり自公政権・自民党にたいして共産党が社会民主主義政党に変わるだけで本当に国民の多数を結集出来るかである。

自民党は独特の政党で、党内には岸信介以来「改憲を声高に叫ぶ」「右派勢力」と吉田茂以来「軽安保・経済重視」の「経済派」の二潮流が存在してきた。安保条約改定を強行した岸信介政権の後には「所得倍増」を掲げた池田勇人政権、「沖縄返還・七〇年安保」を進めた佐藤栄作政権後には「日本列島改造」を掲げた田中角栄政権が登場するなど「振り子の原理」で国民の世論・要求を取り込んできた。自公連立政権では、公明党が参加することによって「自民党の暴走を食い止めている」との印象を国民に与えている。そうすると社会民主主義政党への脱皮だけで、この自公政権を打倒出来るだろうかということだ。自公政権に代わる連立も、また共産党が脱皮すべき政党のあり方も野党連合の中に健康保険のあり方などの個別政策のグループの存在を認めるレベルではなく、左右に多少色合いの異なる政策集団を許容する複合的な党でなければならないのではないかという思いを強くしている。この本では問題提起とし、この点で多くの人々との討論・共同研究で模索していかなければならないと思っている。

4、党首を含めた指導部の任期制、定年制、党員による直接選挙

1）二〇〇〇年に開催された第二二回党大会「自薦（立候補）の権利を明記をすべきである」との意見が出された。それに関して、不破委員長（当時）は「この自由のなかに自分を推薦する自由をふくむものだというのは、すでに現行規約の解釈となっていることです。一九七六年に党中央の通達をだし立候補（自薦）をふくむ党員の被選挙権を認めたものであり、これが規約の原則的な当然の解釈として徹底しました」「この二二大会で、自薦をふくむのが現行の規約の解釈なのだということを明らかにすることで解決としたい」とした。それであれば解釈ではなく明記すべきであったと思うが、問題はこの二〇〇〇年の第二二回党大会以降も自薦（立候補）はほとんど

行われていないことである。したがって多くの代議員の中では「地区委員会が推薦した人が地区委員になってい
る」という感じ方をするのだろう。

2）中国共産党においては、毛沢東の個人独裁体制の下、大躍進や文化大革命が引き起こされ何千万人もの人々
が亡くなる国民的悲劇が生じた。その教訓から、

a、個人独裁体制を否定し集団指導体制の確立、

b、それを保障するために任期制（最大二期一〇年）、

c、そして定年制（選出の時点で七〇歳以下）、

が定められ実行されてきた。

ところが習近平氏は二期目を迎える二〇一八年の党大会において、任期制と定年制を撤廃し個人独裁体制を強めた。日本を含めた先進国のマスコミなどは習近平体制が毛沢東時代の個人独裁体制に戻りつつあると批判した。しかし定年制も任期制も設けていない日本共産党はこの問題に対してコメントしなかった。そして二〇二二年一〇月の党大会において習近平氏は三期目に入り、慣行としていた「選出時六八歳以下」を破り六九歳であるにもかかわらず党の代表になり、しかも最高指導部である七名の常務委員を全員、習近平氏のかつての部下で固めた。共産党はこの時も一切コメントを出していない。

アメリカの大統領選挙はどうだろうか。政党（今では共和党と民主党）が選んだ大統領候補が国民の選挙によって大統領に選ばれている。その大統領候補は全党員の選挙によって選ばれている。大統領選挙の制度的問題や党員選挙の制度設計の問題を上げればいくらでもある。しかしともかく大統領は全国民によって、大統領候補は各

政党の全党員によって選ばれているのである。中国人は習近平氏の選挙にはかかわっていない。しかしその中国人はテレビ報道で、アメリカでは黒人、白人、男女、高齢者・若者が入り乱れて国民的選挙を行い大統領が選ばれていることを見聞している。大統領選挙そのものが政治制度におけるアメリカの優位性と中国の政治制度の問題を示すことになっている。

日本でも自民・立憲・維新・国民・れいわ・社民が全党員参加の選挙で党首を選んでいる様子がマスコミを通じて何日も報じられている。ところが共産党は相も変わらず後継者指名で党首が選ばれている。このことに国民そして党員の多数の人が違和感を感じ、その改善を望んでいるのである。

3）県・地区の役員体制についても改革すべきである。

県役員が選ばれる県党会議の前に党大会があり、そこで中央役員に選ばれた人が県党会議において県委員長になっている。地区党会議の前に県党会議があり、そこで県役員に選ばれた人が地区委員長に選ばれている。

二〇〇〇年に開催された第二二回党大会までの規約では以下のように書かれていた。

第四四条　都道府県委員、准都道府県委員および委員長（副委員長）は、選出されたのち中央委員会の承認を受ける。

第五一条　地区委員、准地区委員および委員長（副委員長）は、選出されたのち都道府県委員会の承認を受ける。

つまり地区役員は県委員会の、県委員は中央委員会の承認が必要だったが、これでは文面的には地区党会議で選んでも県委員会が承認しなければ地区役員体制は確立できないというものだった。これではなんのために選挙をしているのか分からないので、さすがにこの条項は二〇〇〇年の第二二回党大会で撤廃された。

余り知られていないが、都道府県にいる中央役員の給与は中央委員会から支給されてきた。つまり県委員長の人事と給与は中央委員会が掌握できるようにしてきたのである。二二回党大会以降も中央委員に選ばれていない人が県委員長になることも、県委員に選ばれていない人が地区委員長に選ばれることも行われていない。

県委員長・地区委員長は国民に選ばれている議員もしくは議員経験者を資格要件とするべきである。すべての役員・代議員選挙において機関推薦は止め、自由立候補もしくは他の党員からの推薦とすることが不可欠である。代議員選挙にあたって、専従職員の比率は少なくとも三分の一以下にすべきだし、役員の半分以上は専従職員でないものにすべきだし、役員・議員は半数を女性とすることが求められる。

かつて共産党は国会議員でない宮本顕治氏が党を代表して党首会談などに出ていたが、社会的合意が得られなくなり参議院議員となった。現在では党の三役は国会議員となっている。国民主権の議会制民主主義における政治制度の下の政党はそうでなければならない。しかし県機関や地区機関はそうなっていない。今だに議員でない人が県委員長や地区委員長を務め議員を「指導」している。国民に選ばれている議員が県委員長や地区委員長に就任すべきだし、議員予定候補者は公募・推薦・自由立候補としたらいいのだろう。

4）中央委員、県委員、地区委員などの各種選挙ならびに県党会議・党大会代議員選挙において「機関が推薦する」やり方は止め、すべて自由立候補制とするのはどうだろうか。また投票の秘密を守る投票場を確保し、投票は用紙一括方式ではなく個人別投票用紙で行い、個人別得票結果を公表することも大切である。

5）中央役員はほぼ一〇〇％、中央委員会から「給与」が支給されている専従者か、団体の専従職員である。京都のように「大きな力量のある県委員会」の県委員もほぼ一〇〇％がそうである。それは広く国民の要求・気分・判断を反映しがたくしている。役員の半分以上は党の専従職員でないものにし、県党会議や党大会の代議員の内、専従職員の比率は少なくとも三分の一以下にすべきだろう。日本共産党の運営では専従職員の人数が他党に比べて異常に多い。つまりレーニン型・コミンテルン型の「職業革命家中心の党運営」を引きずっている。「革命党の幹部政策云々」と同じ構造であるが、普通の民主政党に変わる必要がある。

6）中央・県・地区の議事録と財政を公開するべきである。これらは日本社会での一定の社会組織の常識であり、共産党も構成員にわかるように公表する必要がある。

5、大衆運動の在り方と選挙

1）ところで各国における今までの市民運動や労働運動は、例外を除けば国内活動である。従来の労働運動では、賃上げ闘争など期日が決まった統一行動的取り組みで進められ、構成員は皆同じ行動を進めた。しかしＣＯ２削減やプラスチック規制の取り組み、核兵器禁止運動は国内活動を基礎にしながらも国連決議なども含めた国際的連携活動が不可欠である。

私は一九九七年以来二六年にわたって中国をはじめとするアジアで国際協力活動を進めてきた。環境問題などの国際活動は短くても数年、多くの場合、形になった成果が上がるまでには一〇年単位の活動である。専門的知識が必要なこれらの課題の運動は、一人の人があれもこれもできない。あれこれに顔を出し「やれている」と思っている人がいたとしても、表面的なことになって、長期に持続的に取り組んでいる人からは信頼されない。したがってお互いが異なる課題で長いスパンで持続的に活動するのを尊重する事が必要となっており、選挙のように期日を決めて皆が同じ行動をするやり方は例外的になっていくだろう。選挙での前進も要求や課題の解決を目指す粘り強い持続的な運動の積み上げの中で、組織を拡大し支持を広げていく取り組みを抜きにはありえず、そうしない限り選挙はその時の風に頼らざるを得ないだろう。つまり種を播き、粘り強く育てる営み抜きに、安定した収穫（党勢および選挙における得票と議席）を得られることはない。

2）今日の就業構造において製造業従事者は一六％ぐらいで、大半はサービス産業に従事している。そして非正規労働者が四〇％を超えている。女性や青年では五〇％を超えている。貧困者（平均所得の二分の一以下の人）が一五％になっている。また六五歳以上の高齢者が人口の三分の一となっている。つまり国民の多数派になるためにはサービス産業従事者、非正規労働者、貧困層、高齢者等の要求に基づいて組織できるかが決定的であり、あらたな工夫が必要となっている。

製造業の労働者は大半が工場で働いている。同じ場所で同類の労働と労働条件で働いているので、労働組合に組織しやすいのである。しかしサービス業の場合、職場は小さく、職種も労働条件も多様であり、従来のように企業別労働組合への組織は難しいのが現状である。個人加盟の産業別労働組合として組織せざるを得ないだろう。ところで働く人々の多くは、「自分は中流」とか「下層」だとかという階層認識でおり、「自分は労働者階級だ」と認識している人は少数である。そうした中で労働組合運動は困難になっているが、市民として多種多様な運動には参加している。より根本的に言えば、GDPに対し国家予算が二五％を超え、収入の四割以上を税や保険料として収めている今日、「資本と労働」という関係にこだわりすぎず、国や自治対への要求運動・市民運動をもっと重視すべきであろう。したがって今日「労働組合運動」に過剰な期待を寄せるより、形を変えた労働者の取り組みである各種市民運動の発展と組織化に務めるべきだろう。職場を基礎にした組合運動は資本から攻撃を受けやすいのだが、市民運動は多様で、かつ雇用されている側からの攻撃も少ない。本格的に市民運動の強化に務めるべきであろう。

3）共産党は以前は労働者階級の前衛であり「一国一前衛党」という考えに立っていたが、今では前衛党という規定を改め先進的役割を果たすと規定している。しかし今や日本の国民が多様な階層に分かれ要求が多様となっている状態の下で、一党で国民の多数を組織できないことは明らかである。政権政党である自民党でさえ三〇％台の支持である。そうすると先に記したように政権獲得を目指す野党連合しかないが、同時に低所得層に基礎をおく「生活者の党」とか、高齢者に基盤を置く「年金者の党」、環境問題を重点的に取り組む環境党など、要求を柱にした党の創立や発展も視野に入れる必要がある。

6、「組織の三原則」についての今日的検討を

政党や団体において従来、組織の三原則つまり機関紙の購読、会費（党費）の納入、定例会議への参加が言われてきた。それは一つの理念・政策で結束し、統一的な行動を求める運動・組織においては適切な組織の在り方

であった。しかし、そこを変える必要がある。

1）機関紙という紙媒体が唯一の伝達手段ではなく、インターネットを介した各種の情報媒体が発達した今日、紙媒体の機関紙の購読で構成員を縛るのは難しくなっている。そのため、インターネット、パソコン・タブレットの操作に慣れている党員による講習を行うべきだろう。運動の各分野は専門的な知識がいるので、一つの機関紙であらゆる分野をカバーすることは難しい。インターネットを活用した分野別の専門情報を、しかもやり取り出来ない紙媒体の機関紙に依存するより、交流できる媒体の方が良いことが明らかである。そろそろ機関紙の購読をその組織の原則とするやり方について検討する時に来ている。しかもここにきて重要なことは、「赤旗」日刊紙の作成のために数億円単位の赤字が出ており、その継続発行が困難になっていることである。その意味でも思い切って紙の媒体である「赤旗」日刊紙の発行は止め「赤旗電子版」の拡充につとめ、現在の「赤旗」日曜版を週刊誌形態の機関紙に変えるのが妥当であろう。

ところでレーニンの重要著作の中に『なにをなすべきか』という本がある。その重要な命題が機関紙中心の党活動である。中央の方針を機関紙を通じて全党に徹底する、その配布網を通じて党組織を建設するというものだ。レーニンの革命党建設論の重要命題の一つが先に記した、職業革命家を中核とした民主集中制による党運営であり、もう一つが機関紙中心の党建設である。日本共産党はここにきて、この二つとも行き詰まりを迎えている。革命論だけではなく党建設論においてもレーニンを卒業する必要があるだろう。

2）帰属意識が弱まっているのにその組織の維持のために定期的に会費（党費）を納めるというやり方も困難に

なっており、いずれの政党・団体も党費・会費の納入率の低下が顕著に表れている。打開の方向として、運動・行動のためにその都度、自発的な「行事負担金」方式も一つの選択であろう。つまり行動と所属意識を結びつけるやり方である。もちろん従来どおり定期的に党費・会費納めるやり方も構成員の選択で認めることはあり得る。つまり実態に基づいて、ひとつの形態だけにしない事も検討してみてはということである。

3）参加行動分野が異なる人が週に一回一緒に定期的に会議を行うというのも実状に合わなくなっている。もちろん選挙のように期日が決まっており、同じことをするような行動期間には一定の地域や職場単位で会議を行うようにすべきだろう。この点で新日本婦人の会が編み出した「要求小組」は貴重である。統一的な運動は地域や職場を基礎にした班で、そして構成員各自の要求実現の取り組みは要求小組で行っているのである。共産党の党支部の会議は開催されていないか、されていても出席者が極めて少数者であるのが実情である。しかし志位指導部は相も変わらず「一三〇％目標は大きく見えますが、すべての支部が週一回の支部会議を開催し、全党員が党勢拡大行動に立ち上がれば目標は達成できます」とまったく実情を無視した提起を繰り返して行ってきた。私がここで検討課題として言っていることに対して反論は可能だが、問題は理論的なことではない。他党に比べて規律が強いと言われてきた共産党でさえ、機関紙を購読していない、党費を納めていない党員が三割もおり、中央決定を読了していない党員が半分もいるという実態に即してどう考えるかである。実態に即したように緩やかな組織とするのか、「少数精鋭」の組織とし再確立するのかが問われているのである。

社会が複雑となり、階層分化が進み、要求も多様化している今日、労働組合は賃上げ・労働条件の改善以外の課題で統一的行動を組織することは困難となっている。しかも低成長もあって全国的な春闘方式も成りたたなくなっており、一層組織率は低下している（全国平均一七％）。今日、労働者の四〇％、青年・女性では五〇％を超えて非正規労働者である。この非正規労働者を組織することなしに労働運動・労働組合の新たな発展は考えられない。そのためには企業別労働組合だけではなく産業別あるいは地域別の個人加盟労働組合を組織することに力を入れない限り労働組合・労働運動の新たな発展は望めないであろう。そして既に述べたように形を変えた労働者の運動である市民運動にもっと力を入れなければならないだろう。

7、党名問題について

共産党の中で永くくすぶっている問題の一つが党名問題である。そもそもコミュニズムという言葉を共産主義と訳したのが適切であったかという問題もある。共産主義という言葉からは「財産の共有」ということをイメージし、共同主義（協同主義）と訳すべきという意見もある。いまでいう共産主義政党は、ロシアを含め第一次世界大戦までは社会民主党と名乗っていた。第一次世界大戦下ロシアの社会民主党以外の党が排外主義に陥り自国の第一次世界大戦への参加に賛成するという事態の中で、革命に成功したレーニンは党名を共産党に変え、世界的にも一九一九年に結成された第三インターの名前をコミンテルン（国際共産党）としコミンテルン傘下の各国の党組織に対して加盟条件として共産党と名乗るよう義務付けた。コミンテルン日本支部も日本共産党と名乗った。一九九一年のソ連崩壊を前にして東欧の党の大半は元の社会民主党などに改名した。日本共産党も徐々にではあるがコミンテルン型・スターリン型の党であることを改めてきたのだから改名したらよいと思う。「変えたところで〇〇党（旧・共産党）と書かれるのだから、あまり意味がない」という意見もある。また日本共産党という名前で価値ある闘いを行ってきたのであり変える必要はないという意見も当然の声だと思う。しかし新聞に日本共産党の良い取り組みが報道されることはほとんどないが、逆に中国共産党の名前で毎日、新聞紙上で良くないことが報道されていることは深刻である。そうすると中国の政権党と同じ名前である共産党より、革新共同党などの名前の方がよいのではないだろうか。

ただし共産党という名前で一〇一年やってきたのだから、党名問題は全党員の意思つまり全党員参加でのアンケートで改名するしかない。全党員を対象としたアンケートで「党名を変えたほうが良いかどうか」「改名する場合はどのような名前が良いか」を書き込んでもらって一番多いものに変えるしかないと考える。

8、「政党助成金」問題について

党名問題以上に党員ならびに党支持者から共産党指導部に意見が上がってきた問題が政党助成金授受の可否の問題である。共産党中央の見解は「政党助成金は国民の税金を支持しない政党にも配分するなど国民主権、結社の自由に対する侵犯である」としてきた。しかし国家財政（税金）から政党にお金を渡すことは本当に民主主義を侵犯することになのか。

第二次世界大戦以前、日本では町村会議員には歳費は支給されていなかった。そのため農村では地主、都市では豊かな商工業者などしか町村会議員にはなれなかった。戦後、国民主権の新憲法の下で町村会議員にも歳費が支給されるようになって農民や労働者からも町村会議員になれるようになった。また国会議員だけではなく町村会議員に対しても政務調査費も支給されてきた。併せて選挙にお金がかかることから、現在では選挙の公営化として選挙に際してのポスター・ビラ代、選挙カーの借り入れ費用、アナウンサー雇い入れの費用も出されるようになった。これらについて共産党も受け取っている。そして国会議員の場合は公設秘書、そして最近問題になった文書通信交通滞在費（文通費、月一〇〇万）も支給され共産党も受け取ってきた。いずれも議員数・立候補者に応じて支給されてきた。したがって政党助成金だけを受け取らないというのは理屈にあわないだろう。

この問題は、政治改革の名の下に政権交代可能な二大政党づくりとして小選挙区制と政党助成金がセットで出されたために、小選挙区制（五割の得票で八割の議席を独占）に反対である共産党として政党助成金にも反対する論として、国民の税金が支持していない党にわたるため憲法違反と言ってしまった。

しかしその後、選挙の公営化などが進められ政党活動がお金のある人や団体・政党しか参加できない事態を改めて来たことを見ればあえて反対し拒否するものではないだろう。「支持しない政党にお金が回る」は、他の制度でも同じであるだけではなく共産党が拒否した分は他の政党に案分されて支給されているのだから、意味はない上に「利敵行為」となっているともいえる。それよりも国会議員の立候補に当たって一人あたり最低でも三〇〇万円の供託金をおさめ、法定得票率が取れなかった場合は没収という制度こそ廃止を求めるべきであろう。政党助成金を受け取らなくてもお金はかかる。そのため党員・支持者から多額の寄付を求め党活動の桎梏となっており、離党の大きな理由の一つとなっていることも踏まえ、行きがかりを捨てて、政党助成金は受け取るべきであろう。

9、最後に述べたいこと

最後に述べたいことは、共産党が正念場にあることである。それは党勢力・得票・議席が、これ以上に減ってはだめという事だけではない。もっと本質的な問題である。

本文で書いたように、コミンテルン日本支部として創設された時から抱えている問題であり、それを脱却しない限り国民に溶け込み前進できないのに、その課題に向き合おうとしていないために急速に自壊し始めていることである。重複にもなるが、以下の問題を本格的に検討しなければならない。

①マルクス流（不破哲三流）の共産主義を根本目標として掲げることを止め「資本主義を克服し自由・平等・共同社会を作る」ために、多様な社会主義志向者の共同党になるか。

②党運営において多様な政治グループの存在を認めるとともに、党内外で自由な研究・討論によって世界と日本の進歩的方向を探求し多様な政党・団体・個人との共同行動を進めるか。

③「専従活動家」を核とした民主集中的党運営・「赤旗」中心とした党活動を改め、フラットで緩やかな市民運動的党運営、個人が尊重される党活動に脱却できるか。

④党首を全党員参加で選出するのをはじめ、各種役員・代議員の選挙において機関推薦を改め自由立候補、専従活動家の比率削減、男女比率を対等にするなど世間の常識に基づく役員・代議員選挙の抜本的改革に踏み出すかどうか。

これらの改革に踏み切らなければ、高度に発達した資本主義国で、ある程度民主主義が定着した日本においては、時々の政治情勢の中である程度の議席や得票が増えることはあっても党勢の前進は難しいと思うし、新生する方向へは進めないだろうし、共産党は社会的には極少数の勢力に陥っていくであろう。そんなことにならないで新生してほしいと切に願うものである。

ここまでの記述と改革提案をお読みになって、どう思われただろうか。反共主義にもとづく共産党攻撃の文章（本）だと思われるだろうか。私は真面目に分析し、提案しているつもりである。あとの判断は読者諸氏の英明な判断に委ねたい。

あとがき

一九六〇年代、七〇年代、八〇年代、革新勢力の間では「世界は資本主義から社会主義へ向かっている時代」と言われていた。高等学校の教科書では、そこまで言わなくとも「社会主義と資本主義が共存・競争している時代」と書かれていた。しかし一九九〇年前後に東欧・ソ連等の社会主義国が崩壊し資本主義に移行した。また共産党一党独裁国家で社会主義国を名乗っていた中国やベトナムが改革開放・ドイモイ（刷新）の名の下に外資導入・私的経営を容認し大飛躍を果たし、社会主義の資本主義への優位性の神話が崩れ去った。

しかし二〇〇八年のアメリカ発金融恐慌を契機に世界の著名な経済学者たちから「資本主義の危機」とか「資本主義の終焉」とかの本が沢山出た。だが資本主義の次に来る社会は社会主義社会だと述べる人は皆無に近かったし、資本主義の次の社会は一〇〇年二〇〇年先の話であるとしていた。この世紀的転換にあたって本来共産党は広く党内外の研究者や運動家と対等平等の立場で研究的シンポジウムを繰り返し行い「世界は何処にいて、何処に行こうとしているのか」「今後の社会変革はどうあるべきか」を追求すべきだった。しかし共産党は従来の主張・路線と異なる人々と対話を重ねることなく、自らに閉じこもり、今や社会主義について語るのは不破哲三氏だけ、綱領路線を語るのは志位和夫氏だけと言う貧弱な状態になってしまった。自由な討論・研究を尊重しない所に創造的な理論・政策は生まれず、新たな発展・人材の成長はありえないことはどんな組織・社会にも言えることである。このままかたくなな態度を取っている限り共産党の衰退は避けられないし、未来を担う若者をひきつけることはできないであろう。脱皮を望んでいる。

この本の草稿を読んでもらった人から、「先の『志位和夫委員長への手紙』も含めて、もっと早く書いてくれていたら自分の生きざまも変わっていたと思う」と語られる人がいる。そうかもしれない。それには私なりの事情があった。『志位和夫委員長への手紙』のあとがきでも書いたことであるが、私は京都府委員会常任委員として油が乗っているときに家庭の事情で共産党の専従を辞めた。その後、重い障害者となった妻の介護をしながら、新しい仕事として大学改革、国際協力活動などを五〇歳を過ぎてから集中し、世間的に言えばそれなりの仕事を行ってきた。そのため共産党の活動は「赤旗」を読み、党費を納め、会議に出席する程度で過ごしてきた。

ところが一〇年余り前、居住地の洛西ニュータウンで共産党後援会の再建活動が取り組まれ、少しばかりお手伝いをさせてもらったところ、発足にあって会長に祭り上げられた（京都で最大の二〇〇名余りの会員を擁する単位後援会）。以後、私の家で後援会役員会が開催されてきた。役員の中には全国レベルの労働組合の委員長をやっておられた方が二人、共産党の県委員会の副委員長を務めていた人もおられた。このため討議の水準は相当高かった。また同じころから私は京都高齢者大学（一〇〇〇名規模の受講者）の幹事会副代表となり自ら年数回時事問題の講義もするようになった。こうして主体的・客観的に日本と世界の政治、共産党のあり方を考えるようになった。そうした中で私が共産党の専従職員を辞めるころに感じていた問題点が、改善されるどころか酷くなっていることに気が付いた。私は後援会の会長として各種選挙で挨拶などをしてきたが、これらの矛盾に直面してきた。そして二〇二一年の総選挙、二〇二二年の参院選での連続的敗北と選挙結果についての常任幹部会声明のお粗末さに怒りさえ覚えた。それで本書の中で記しているように志位委員長などに抗議的意見書を上げてきたがなしのつぶてであった。今、改革しなければ共産党は社会的に取るに足りない勢力になってしまうという危機意識から

『手紙』を書いた。

　私に家庭の事情がなく、そのまま共産党の専従を続けていたら、共産党が抱えている問題にもっと早く声を上げ、それこそ除名で放り出されていたかもしれない。その時であれば、私も若く元気だったし、直接共産党の活動を共にしていた人が多数いたから一波乱あったかも知れない。人生には時というものがある。来年には八〇歳になる私には、新たな組織や運動を一〇年単位で取り組む事は出来ないし無責任になるので行わない。せいぜい本を書いて問題提起するぐらいなので志位指導部は一安心だろう。しかそれで問題が解決するわけではない。私が提起している程度の改革も行わなければ、共産党は、個々の選挙で前進後退することはあっても党勢が大きく前進することは無くジリジリと後退していくだろう。あえて言えば松竹伸幸氏が書いているように不破氏が提起し党大会で決定した綱領と規約の改正程度を誠実に実行することであろうが、「松竹・鈴木」を除名処分にしたような志位指導部は多分それも実行せず急速に自壊していくであろう。それは日本の将来にとって不幸なことであり、悲劇である。

　ところで先に見たように一九七〇年代中期から八〇年代中期にかけて民主集中制を巡って共産党と藤井一行、田口富久治、加藤哲郎氏等との論争があった。しかし今回のような大きな社会問題にはならなかった。なぜだろうか。

　一つは田口氏らの時代には無かったインターネットの発達がある。当時、不破哲三氏等によって「赤旗」「前衛」などの党の機関紙誌を使って連日のように田口氏等は批判されたが反撃する術は無かった。しかし今日、松竹氏も私・鈴木もブログやフェイスブックで志位指導部以上のテンポと内容で反撃できた。そして多くの支持者や共感者が自らのＳＮＳで、私たちの発信を大量に拡散していただきネット上では「勝負あり」の状況作っていただいた。
もう一つは国民の民主主義的世論の進化である。田口氏等の時代では社会的に見て「何か、共産党の内部で揉めているらしい」との認識以上にはならなかった。しかし今回は違った。「このように異論を排除し、封じ、除名するような政党が政権の一角を担うようなことは駄目だ」との国民世論が一気に広がった。それは皮肉にも志位氏等が「政権の一角を担う可能性のある情勢」と言えば言うほど国民の批判・警戒心を高めることになってしまった。共産党の志位指導部はそうした状況判断が出来ず、除名処分を行い松竹・鈴木を共産党から放り出せば収まると判断したのであろう。ここに根源的な状況判断の誤りがあった。しかし残念ながら志位指導部にはそれを是正することは出来ないだろう。

今後のことで、私は周りの人から「今後どうされますか」と聞かれることがある。「どういう意味ですか」と聞き返すと、一つは「松竹さんのように党籍復帰運動を行われるのですか」というものである。さらには「志位指導部に改革を託すことが出来なくなった、と言われるのですから、新党の結成などを考えておられているのですか」という質問を投げかけられることもある。

私は「今のところ、どちらも考えていません」と答えている。まず復帰運動であるが、改革を唱えると問答無用に除名処分にあった。共産党が改革されない限り、例え復党が認められても同じ事が起こる可能性があるから復党運動は行わない。私が党に戻るとすれば志位指導部が松竹氏と私への除名処分が間違いであったと謝罪し責任を取って辞め、後任に託すと同時に、私たちと党改革の話し合いの場を持つことを約束した場合である。多分そのようなことは無いだろう。

松竹氏の党籍復帰運動は自分の取った行動は規約に基づくもので、志位指導部こそ規約に違反しているということを突きつけている取り組みで、それはそれで意味のあることで松竹氏の取り組みは評価している。

新党結成運動を行う気もない。私は志位指導部は間違っていると思うが、全国の現場で地道に奮闘している党員・地方議員の皆さんは同志だと思っているし、彼らの奮闘があってこそ共産党は成り立っている。それに取って代わったりすることはできない。戦後だけでも八〇年近い英雄的活動によって、今日、全国に三〇〇〇を超える地区組織、一万七〇〇〇を超える支部、二四〇〇名を超える地方議員がおられ、これらの方こそ共産党の宝であり、何人といえどもそれをこれから作ることなどできない。結局党内にいる若い議員や機関活動家が中心となって党改革運動を進めることであろう。私は他にやるべき多くのことを抱えているし、後期高齢者である。私は党外にあってささやかでも私にできる共産党の前進に協力するとともに、並行して「この点は改善する必要がありますよ」と辛口の批評を発信し続けることだと思っている。

〈追記〉

一一月一三日から第一〇回中央委員会総会が開催され、二九回党大会への議案が提出されることになっている。

三点だけ問いただしておきたい。

①大会代議員は、従来通り専従職員が七割以上占め、中央の決議案に賛成の人だけで大会を行うのですか。

②現在の政局から野党共闘の追求は当然のことですが、引き続き次期党大会に向けて一三〇％の拡大を追求されるのですか。

③理不尽に除名された松竹伸幸氏から再審請求が提出されていますが、どのように扱われるのですか。

〈参考文献〉

①日本共産党の歴史に係わる本
犬丸義一『日本共産党の創立』日本共産党中央委員会出版部)
『日本共産党の五〇年問題について』(新日本出版社)
前衛「日本共産党第7回—28回大会特集」(日本共産党)
日本共産党中央委員会『日本共産党の七十年』(新日本出版社)
平田勝『未完の時代』(花伝社) 少し古いが新日和見主義について、弾圧された側と弾圧した方の両方を描いた唯一の本として紹介できる。
筆坂秀世『日本共産党』(新潮新書) これも少し古いが元常任幹部会員・政策委員長・参議院議員として見聞した共産党の姿を比較的冷静に叙述しており共産党を考えるうえで役立つ。共産党は「ここまで落ちたか」などと批判し、反共売文家扱いしているが、読めばそうでないことは明らかである。

②日本共産党の創立一〇〇年を前後して最近一年間に新たに出版された本
日本共産党中央委員会『日本共産党の百年』(日本共産党中央委員会出版部)
文芸春秋 二〇二二年八月特別号「日本左翼100年の総括」
佐藤優『日本共産党100年』(朝日新聞出版)
『日本共産党100年 理論と体験からの分析』(かもがわ出版)

碓井敏正『日本共産党への提言』（花伝社）
村岡到『日本共産党はどうなるか』（ロゴス）
中北浩爾『日本共産党』（中公新書）
松竹伸幸『シン・日本共産党宣言』（文春新書）
松竹伸幸『不破哲三氏への手紙』（宝島社新書）
鈴木元『志位和夫委員長への手紙』（かもがわ出版）
『希望の共産党』（あけび書房）
『続・希望の共産党』（あけび書房）
大塚茂樹『日本左翼史に挑む』（あけび書房）
池上彰・佐藤優『真説　日本左翼史』（講談社現代新書）
池上彰・佐藤優『激動　日本左翼史』（講談社現代新書）
池上彰・佐藤優『漂流　日本左翼史』（講談社現代新書）

③資本主義とその未来に係わる本

この分野については先の『ポスト資本主のためにマルクスを乗り越える』で記載した。今回の本はそれが主題ではないので、先の本で紹介した以降、この九か月間に出た本で社会の現状を考える上で「これは」と思った数冊を紹介するにとどめる。

『未来を語る人』（インターナショナル新書）

ナンシー・フレイザー『資本主義は私たちをなぜ幸せにしないのか』（ちくま書房）
『中流危機　ＮＨＫスペシャル取材班』（講談社現代新書）
古賀茂明『分断と凋落の日本』（講談社）

〈資料〉

鈴木元氏の除名処分について

二〇二三年三月一六日 日本共産党京都府委員会常任委員会

京都府委員会常任委員会は、二〇二三年三月一五日、鈴木氏の除名処分を決定し、三月一六日中央委員会がこれを承認し確定しました。鈴木氏は京都府委員会直属で、支部に所属していない党員であることから、府常任委員会での決定となったものです。除名処分の理由は以下のとおりです。

(1) 鈴木氏は、一月に出版した本の中で、規約にもとづいて民主的に運営している党の姿をゆがめ、「およそ近代政党とは言い難い『個人独裁的』党運営」などと事実無根の攻撃を書き連ねています。党幹部の人格を否定する老害という記述など、誹謗・中傷をおこなっています。さらに、鈴木氏は、本の中で、日米安保条約の廃棄、自衛隊の段階的縮小という党綱領にもとづく党の安保・自衛隊政策を否定し、党綱領の共産主義・社会主義を否定するなど、わが党の綱領路線に対する全面的な攻撃を、党の外からおこなっています。

(2) 鈴木氏は、先に除名された松竹伸幸氏から、事実をゆがめて党を攻撃する松竹氏の本と「同じ時期に出た方が話題になりますよ」と執筆を急ぐよう働きかけられたのをうけて、「一二月末までに大急ぎ仕上げた」ことを、わが党のききとりのなかで認めています。これは党攻撃のための分派活動の一翼をになったものと言わなければなりません。また本のなかで、「党運営において多様な政治グループを認める」よう主張し、党内に派閥をつくることを求めています。

（3）こうした鈴木氏の一連の発言や行動は、党規約の「党内に派閥・分派をつくらない」（第三条四項）、「党の統一と団結に努力し、党に敵対する行為はおこなわない（第五条二項）、「党の決定に反する意見を、勝手に発表することはしない」（第五条五項）という規定を踏みにじる重大な規律違反です。

京都府委員会は、鈴木氏に対して、以上の事実をあげて重大な規律違反であることを明らかにし、ききとりをおこないましたが、鈴木氏は、その誤りを認めず、反省の態度を示しませんでした。

以上の理由から、鈴木氏を除名処分とするものです。

著者プロフィール

鈴木元（すずき・はじめ）

1944年8月8日生まれ、大阪府立東住吉高校の1年生の時「60年安保闘争」に遭遇し参加して社会問題に芽生える。3年生の18歳の時、日本共産党に入党。立命館大学一部学生党委員会委員長として日本で最初の部落解放同盟の大学介入と闘い打ち破る。そしてマンモス大学の昼間部全学自治会組織・一部学友会を民主化、「全共闘」の大学解体攻撃と闘い学園民主化を進める、同経済学部卒業。

日本共産党京都北地区委員会常任委員・京都府委員会常任委員を歴任。参議院京都選挙区において神谷信之助選対本部長として2名区での当選を果たす。衆議院中選挙区制（5名区）において梅田勝選対本部長として複数当選を担う。京都市会議員であった穀田恵二氏の衆議院議員へ転進の本部長としてトップ当選を果たす。京都民主市政の会事務局担当常任幹事として木村万平氏・井上吉郎氏の選挙を闘う。52歳の時、妻が一級障害者となり以来、今日まで26年間、仕事と介護の両立を追求し介護問題でも社会的発言を続けてきた。

かもがわ出版編集長代理・取締役を経て現在顧問。立命館大学総長理事長室室長・大阪初芝学園副理事長・中国(上海)同済大学アジア太平洋センター顧問教授。1997年以来、中国・モンゴル・ベトナムなどアジア各国で国際協力事業を展開。2019年度外務大臣賞を授与される。2023年1月に『志位和夫委員長への手紙』（かもがわ出版）を出版すると同時に共産党によって問答無用に除名処分となる。

著書として『異文化理解・国際協力の旅』（文理閣）、『立命館の再生を願って』（風涛社）、『妻の介護と仕事』（ウインかもがわ）、『中年からの山とスキー』（かもがわ出版）、『京都市の同和行政批判する』（部落問題研究所）、『もう一つの大学紛争――解同・全共闘と闘った青春』（かもがわ出版）、『ポスト資本主義のためにマルクスを乗り越える』（かもがわ出版）など多数。日本ペンクラブ会員・日本ジャーナリスト会議会員。

さようなら　志位和夫殿

2023年12月10日　第1刷発行

著　者　ⓒ鈴木元
発行者　竹村正治
発行所　株式会社　かもがわ出版
〒602-8119　京都市上京区堀川通出水西入
TEL 075-432-2868 FAX 075-432-2869
振替　01010-5-12436
ホームページ　http://www.kamogawa.co.jp
印刷所　シナノ書籍印刷株式会社

ISBN978-4-7803-1307-9　C0031